追寻

——老一辈革命家与党史学习

本书编写组 编

中央编译出版社
Central Compilation & Translation Press

图书在版编目 (CIP) 数据

追寻：老一辈革命家与党史学习 / 本书编写组编. -- 北京：中央编译出版社，2023.7
ISBN 978-7-5117-4414-2

Ⅰ.①追… Ⅱ.①本… Ⅲ.①中国共产党—党史—学习参考资料 Ⅳ.① D239

中国国家版本馆 CIP 数据核字 (2023) 第 101277 号

追寻——老一辈革命家与党史学习

出版统筹	张远航
责任编辑	李媛媛　彭永强
责任印制	刘　慧
出版发行	中央编译出版社
地　　址	北京市海淀区北四环西路 69 号（100080）
电　　话	（010）55627391（总编室）　　（010）55627319（编辑室）
	（010）55627320（发行部）　　（010）55627377（新技术部）
经　　销	全国新华书店
印　　刷	北京盛通印刷股份有限公司
开　　本	710 毫米 × 1000 毫米　1/16
字　　数	141 千字
印　　张	17.75
版　　次	2023 年 7 月第 1 版
印　　次	2023 年 7 月第 1 次印刷
定　　价	88.00 元

新浪微博：@中央编译出版社　　　　微　　信：中央编译出版社（ID：cctphome）
淘宝店铺：中央编译出版社直销店（http://shop108367160.taobao.com）（010）55627331

本社常年法律顾问：北京市吴栾赵阎律师事务所律师　闫军　梁勤
凡有印装质量问题，本社负责调换，电话：（010）55626985

谈学习党史给我们的启示

必须不断增强学习党史的自觉性和紧迫性。 善于学习总结党的历史，是毛泽东领导中国革命和建设取得胜利的一大"秘诀"，也是我们党百年奋斗积累的宝贵经验。经过长期努力，中国特色社会主义进入新时代，在实现中华民族伟大复兴的道路上，我们会遇到各种各样的困难和挑战，有成功的时刻，也会有迷茫挫折的时候，有发生争论的可能，更有进行理论创新的需求，而这些都离不开党史经验的总结。学习研究党的历史，能够帮助广大党员更坚定地树立正确的历史观点和政治方向，把握中国历史的发展规律。通过党史教育，可以使广大党员特别是青年党员深刻理解，中国人民走社会主义道路，是经历了几代人的探索奋斗才做出的正确选择。只有社会主义才能救中国，才能发展中国，才能保持中华民族自立于世界民族之林，这是历史反复证明了的真理。广大党员只有懂得中国的过去，理解中国的现实，才能不断提高坚持党的路线、方针和政策的自觉性，满怀信心地投身于全面建设社会主义现代化的伟大实践之中。

因此，新时代共产党人必须把党的历史学习好、总结好，把党的成功经验传承好、发扬好，学史明理、学史增信、学史崇德、学史力行，从党史中汲取真理的力量、信仰的力量和奋斗的力量。

必须突出习近平新时代中国特色社会主义思想在党史学习中的指导地位。 习近平新时代中国特色社会主义思想，是新时代中国共产党的思想旗帜，是国家政治生活和社会生活的根本指针，是当代中国马克思主义、二十一世纪马克思主义。党史学习教育要坚持正确的政治方向，必须着重突出指导思想的核心地位，从党史学习中深化对习近平新时代中国特色社会主义思想最新理论成果的政治认同、思想认同、理论认同、情感认同，夯实思想之基、筑牢信念之根，切实增强"四个意识"、坚定"四个自信"、做到"两个维护"。

必须树立正确的历史观，反对历史虚无主义。 开展党史学习教育应当把牢固树立唯物史观、反对历史虚无主义作为重要内容，用马克思列宁主义的立场观点方法，具体研究中国的现状和中国的历史，就是要遵循辩证唯物主义和历史唯物主义，坚持经济基础决定上层建筑、历史是社会经济形态发展的自然过程的观点，坚持生产力是历史发展的最终决定力量的观点，承认社会意识对社会存在、上层建筑对经济基础、生产关系对生产力的反作用，坚持人民群众是历史创造者观点。要辩证地认识我们党的历史，汲取正反两方面的历史经验。

必须采取科学的实事求是的态度，避免主观主义、教条主义、形式主义。 学习党史要坚持实事求是，反对主观主义、教条主义、形式主义，牢牢把握党的历史发展的主题和主线、主流和本质，坚持发展的全面的观点和方法，正确评价领袖人物和重要历史事件，正确认识与有效把握历史条件、历史过程和历史规律，辩证地看待历史必然性和历史偶然性的关系，客观地考察历史顺境中的成功和历史逆境中的挫折的因果联系，对于前人是非功过的衡量与评价，应当充分考虑时代条件、发展水平、认识水平的局限。澄清对党史上一些重大历史问题的模糊认识和片面理解，回答好中国共产党为什么"能"、马克思主义为什么"行"、中国特色社会主义为什么"好"等重大现实与理论问题。

目 录 / CONTENTS

毛泽东与党史学习

陷入困境遭遇挫折时,通过学习党史寻找出路 / 002

党内出现分歧、争论时,通过学习党史统一思想 / 006

取得重大胜利、面临重大转折时,通过学习党史把握方向、激发继续奋斗的力量 / 013

积累一定经验和教训后,通过学习党史推动理论创新 / 019

"我们是马克思主义的历史主义者,不应当割断历史" / 028

"不把党在历史上所走的路搞清楚,便不能把事情办得更好" / 030

"如果要看前途,一定要看历史" / 033

"拿历史来教育最有效力了" / 035

谈从党史中学什么 / 039

谈怎样学党史 / 043

周恩来与党史学习

第一次提到"党史"一词 / 052

首次系统地讲党史 / 057

中共党史研究中的重要著作 / 064

"在毛泽东的旗帜下前进" / 072

艺术性地开展党史教育 / 078

伍豪事件——萦绕心头的历史旧事 / 085

刘少奇与党史学习

"用中国党的经验来教育中国的党员" / 094

肃清"左"倾错误的思想根源 / 096

总结新民主主义革命历史经验 / 102

恢复调查研究、实事求是、民主集中制等优良传统 / 109

"学习党的历史的基本材料" / 115

指导党史资料整理和党史教育工作 / 121

朱德与党史学习

强调要学习马克思列宁主义 / 128

强调要学习毛泽东思想 / 135

强调要深刻总结历史经验 / 142

要尊重历史、尊重人民 / 149

强调要重视党领导的军队历史 / 156

强调要传承优良传统和作风 / 162

邓小平与党史学习

"了解自己的历史很重要" / 168

"实事求是地总结历史的经验教训" / 176

"老祖宗不能丢啊" / 186

"要用我们自己的历史来教育青年" / 188

"熟悉我们党从开头到现在的历史" / 191

"能够对半开就不错了" / 202

陈云与党史学习

研读毛泽东文献,把握认知规律 / 208

"不老实没有一个不失败的" / 210

"要研究中国的历史和实事政治的情况" / 213

忠实记录、宣传和还原遵义会议的历史细节 / 215

把党的历史"立全面、立准确"、把重要问题"讲清楚" / 218

科学评价毛泽东及毛泽东思想 / 223

叶剑英与党史学习

"编写党史,要同阐明马列主义、毛泽东思想一致起来" / 230

"中国的经验证明了毛泽东同志的伟大" / 231

"人民之所好者,好之;人民之所恶者,恶之" / 233

要通过学习党史加强党性修养 / 235

　　党员领导干部都来用心研究我们党的历史 / 236

李先念与党史学习

　　强调通过党史学习，提升理论水平，增强工作本领 / 239

　　强调通过党史学习，认识军情政情国情，解决实际问题 / 241

　　强调通过党史学习，激发斗志，战胜困难 / 242

　　强调通过党史学习，更加深刻认识党的宗旨，更好贯彻党的群众路线 / 244

　　强调通过党史学习，汲取营养，锤炼无产阶级革命党性和品格 / 246

杨尚昆与党史学习

　　强调党史的教育功能，要求掌握党史学习的重要意义 / 250

　　强调坚持唯物史观，搞清基本史实 / 252

　　强调分清主流支流的原则，要求历史问题宜粗不宜细 / 255

　　强调广泛收集档案资料原则，要求规范利用资料和回忆录 / 256

　　强调培养党史工作人才，要求学习司马迁、做好无名英雄 / 259

胡乔木与党史学习

强调要发挥党史的教育作用 / 261

强调以马克思主义为指导,运用唯物史观研究党史 / 264

要客观公正认识党史上的问题 / 266

强调树立正确的党史观,要自觉反击历史虚无主义 / 269

要求准确评价党史人物 / 271

毛泽东与党史学习

毛泽东

在领导中国革命和建设过程中，毛泽东特别重视学习党史，善于从历史经验中汲取智慧和力量。他积极倡导全党大兴学习党史之风，对

"为什么学党史""党史学什么""怎样学党史"等问题进行了深入思考和探索。毛泽东关于学习党史的论述和实践，是一笔宝贵的财富，对于我们立足党的百年历史新起点，进一步加强党史学习教育，推进党的建设伟大工程和中国特色社会主义建设，具有重要的启示意义。

陷入困境遭遇挫折时，通过学习党史寻找出路

毛泽东关于党史的论述，可以追溯到1925年他撰写《中国社会各阶级的分析》时。当时国民党新老右派加紧反共活动，革命统一战线内部出现复杂局面，而党内却存在着"左"和右两种错误倾向，不知道到何处寻找力量。在这篇文章中，毛泽东谈到历史的经验教训："中国过

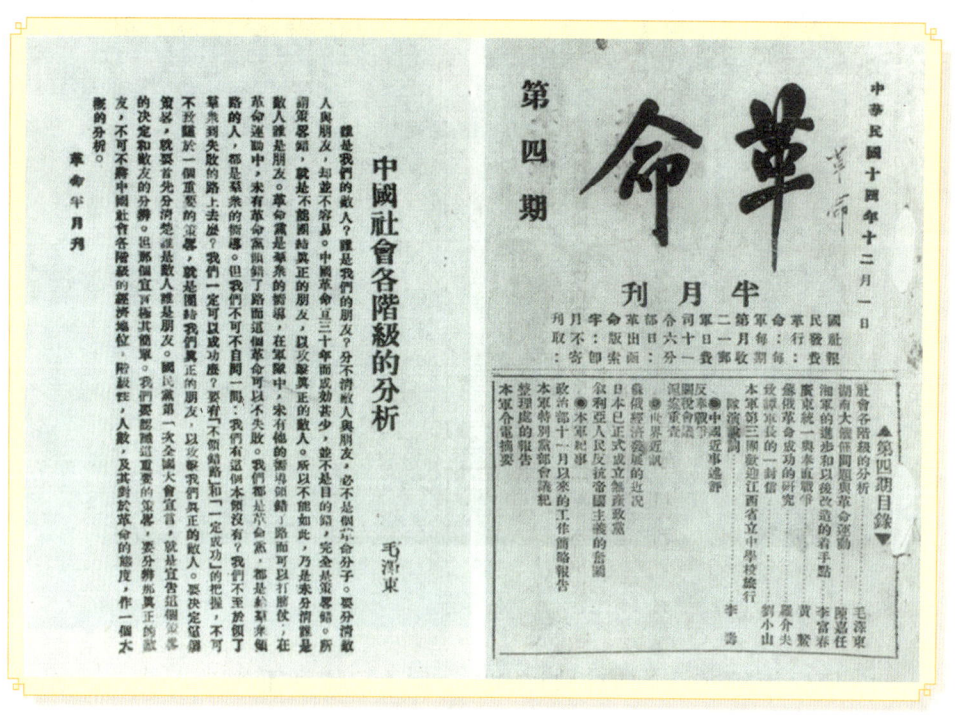

1925年12月《革命》第四期刊载毛泽东《中国社会各阶级的分析》一文

去一切革命斗争成效甚少,其基本原因就是因为不能团结真正的朋友,以攻击真正的敌人。"为了分辨敌友,他将中国社会各阶级的经济地位及其对于革命的态度作了基本分析,从而得出关于中国革命对象、领导力量、同盟军的正确结论。

毛泽东1926在广州农民运动讲习所讲授"中国农民问题"时,也回顾并总结了历史经验。他指出,以往革命党人都没有注意研究农民问题,辛亥革命、五卅运动之所以失败就由于没有得到三万万二千万农民的拥护。毛泽东通过总结历史与考察现实,在党内较早认识到无产阶级领导农民斗争的极端重要性。

毛泽东后来把他在困境中寻找出路的"秘诀"公之于众:"我们是唯物史观论者,凡事要从历史和环境两方面考察才能得到真相","你对于那个问题不能解决吗?那末,你就去调查那个问题的现状和它的历史吧!你完完全全调查明白了,你对那个问题就有解决的办法了。"

20世纪50年代末60年代初,面对"大跃进"以后出现的许多意料之外的困难和问题,毛泽东也是把学习党史、总结经验摆在非常突出的地位。

1959年11月底,毛泽东在杭州会议上就开始试图对新中国成立后的十年经验进行总结,他说:"我们革命,开始不知如何革法,想革而已,花了二十几年的时间,才得到比较完整的民主革命的经验,所以不断总结经验是重要的。"

1960年6月，经济困难的问题大面积暴露出来，工农业生产下降，城乡粮食严重短缺。为了全面降低计划指标，需要从历史与现实、理论

> # 十 年 总 结[1]
>
> （一九六〇年六月十八日）
>
> 前八年照抄外国的经验。但从一九五六年提出十大关系起，开始找到自己的一条适合中国的路线。一九五七年反右整风斗争，是在社会主义革命过程中反映了客观规律，而前者则是开始反映中国客观经济规律。一九五八年五月党大会制定了一个较为完整的总路线[2]，并且提出了打破迷信、敢想敢说敢做的思想。这就开始了一九五八年的大跃进。是年八月发现人民公社是可行的。赫然挂在河南新乡县七里营的墙上的是这样几个字："七里营人民公社"。我到襄城县、长葛县看了大规模的生产合作社。河南省委史向生同志，中央《红旗》编辑部李友九同志，同遂平县委、嵖岈山乡党委，会同在一起，起草了一个嵖岈山卫星人民公社章程[3]。这个章程是基本正确的。八月在北戴河，中央起草了一个人民公社决议[4]，九月发表。几个月内公社的架子就搭起来了，但是乱子出得不少，与秋冬大办钢铁同时并举，乱子就更多了。于是乎有十一月的郑州会议[5]，提出了一系列的问题，主要谈到价值法则、等价交换、自给生产，交换生产。又规定了劳逸结合，睡眠、休息、工作，一定要实行生产、生活两样抓。十二月武昌会议，作出了人民公社的长篇决议[6]，基本正确，但只解决了集体、国营两种所
>
> 213

毛泽东《十年总结》

与实践的结合上，从总结历史经验的角度，解决党内高层领导的认识问题。于是，毛泽东在上海会议期间写下《十年总结》，对怎样进行社

会主义建设提出自己的见解,号召纠正"左"的错误。文章以"找到自己的一条适合中国的路线"作为十年历史的线索,剖析高指标、高速度的根源,重申实事求是的原则,指出社会主义革命和建设"还有一个很大的未被认识的必然王国"。在谈到这篇文章时,毛泽东说:"我企图从历史来说明问题,就是讲一点历史,因为不讲历史,就没有说服力。"

1961年6月12日,毛泽东在中央工作会议上的讲话中又强调总结历史经验。他说:"社会主义谁也没有干过,没有先学会社会主义的具体政策而后搞社会主义的。我们搞了十一年社会主义,现在要总结经验。我今天讲的就是总结经验,我下回还要讲。我们是历史主义者,给大家讲讲历史,只有讲历史才能说服人。"

1962年1月30日,毛泽东在七千人大会上的讲话中进一步指出总结经验与认识规律的关系。他说:"对工作中的成功经验和失败经验,作历史的考察,才能找出客观事物所固有的而不是人们主观臆造的规律,才能制定适合情况的各种条例。"

毛泽东通过对新中国成立后正反两方面经验和教训的认真总结,初步统一全党思想,重视并深化对客观规律的认识,逐渐提高自觉性,减少盲目性;开始弄清"大跃进"症结之所在,找到解决问题、克服困难的途径,不断掌握主动权,扭转被动局面。

七千人大会期间，毛泽东同周恩来、刘少奇、朱德、邓小平、陈云在一起

党内出现分歧、争论时，通过学习党史统一思想

当党内在一些重大问题上出现分歧、发生争论时，毛泽东往往借助党史学习和研究，判断是非，纠正错误，统一思想，为中国革命确定正确指导思想、方针政策。最典型的事例就是他领导延安整风运动。

王明在土地革命后期犯了"左"倾错误，在抗日战争初期又犯了右倾错误，虽然遵义会议和六届六中全会有所纠正，但是由于没有来得及系统总结党的历史经验，没有从思想路线的高度深刻分析错误的根源，到1939年，党内在指导思想上仍然存在一些分歧。

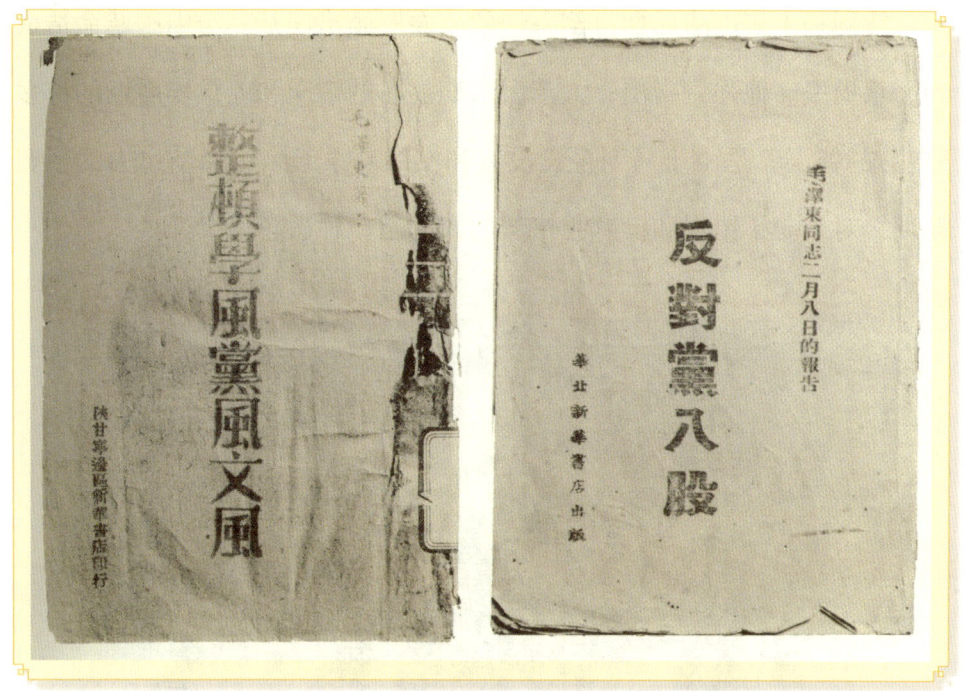

延安整风期间出版的毛泽东《整顿学风党风文风》《反对党八股》

这年5月,毛泽东在延安在职干部教育动员大会上强调要重视历史知识的学习。他用"人不通古今,马牛而襟裾"的古语告诫党内同志,指出:"延安的人要通古今,全国的人要通古今,全世界的人也要通古今,尤其是我们共产党员,要知道更多的古今。通古今就要学习,不但我们要学习,后人也要学习,所以学习运动也有它的普遍性和永久性。"

从1940年下半年开始,毛泽东亲自主持收集、编辑和研究党的六大以来的主要历史文献。在编辑过程中,他读到许多过去在中央苏区没有看到过的材料,对问题有了比较系统的了解和认识,更深刻地感受到教条主义对中国革命的严重危害。在12月4日召开的中央政治局会议上,毛泽东第一次比较集中地谈到党的历史上的右倾和"左"倾错误,特别是十年内战后期打倒一切的"左"倾错误及其给中国革命造成的严重损失。他强调指出,大革命末期的右的错误和苏维埃后期的许多"左"的错误,是由于马列主义没有和实际联系起来。总结过去的经验教训,对于犯了错误和没有犯错误的人都是一种教育。

1942年,毛泽东在延安给干部作报告

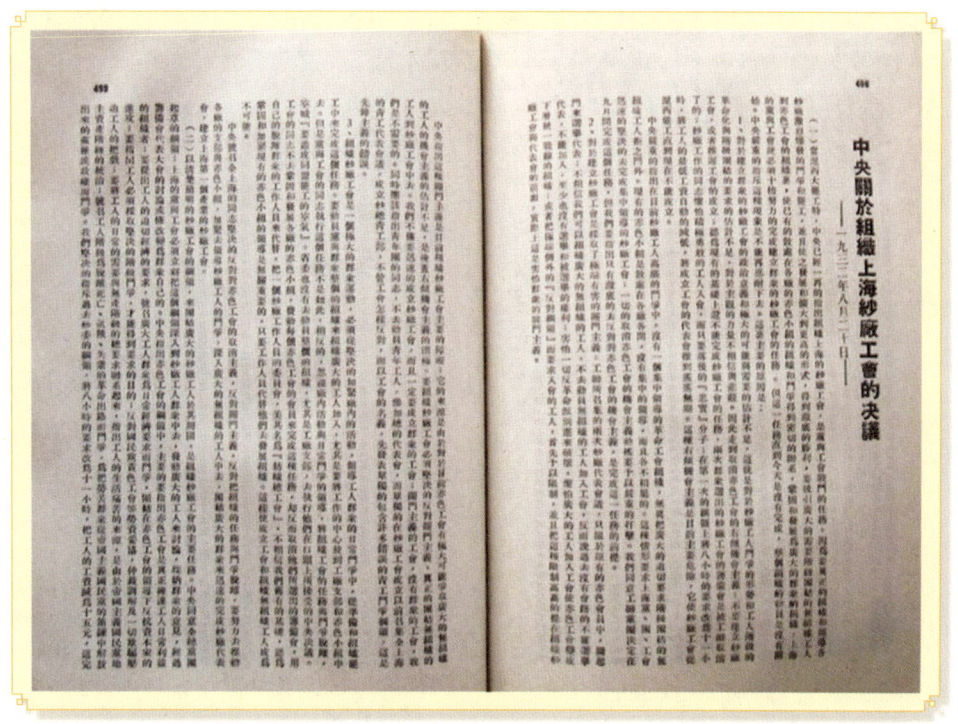

《六大以来》内文

1941年5月19日,毛泽东在延安高级干部会议上作《改造我们的学习》的报告,深刻批判了主观主义的学风:"不注重研究现状,不注重研究历史,不注重马克思列宁主义的应用。这些都是极坏的作风。这种作风传播出去,害了我们的许多同志。"他指出:在马克思列宁主义的态度下,"就是不要割断历史。不单是懂得希腊就行了,还要懂得中国;不但要懂得外国革命史,还要懂得中国革命史;不但要懂得中国的今天,还要懂得中国的昨天和前天"。这些话让很多干部深受教育。时任中共中央统战部秘书长的韩光后来说:"延安整风时期,听毛主席讲演,给我印象最深的一个问题是关于学习历史的论述","我对于毛主席批评那种不懂自己历史、不重视自己历史的错误倾向,是心悦诚服的。"

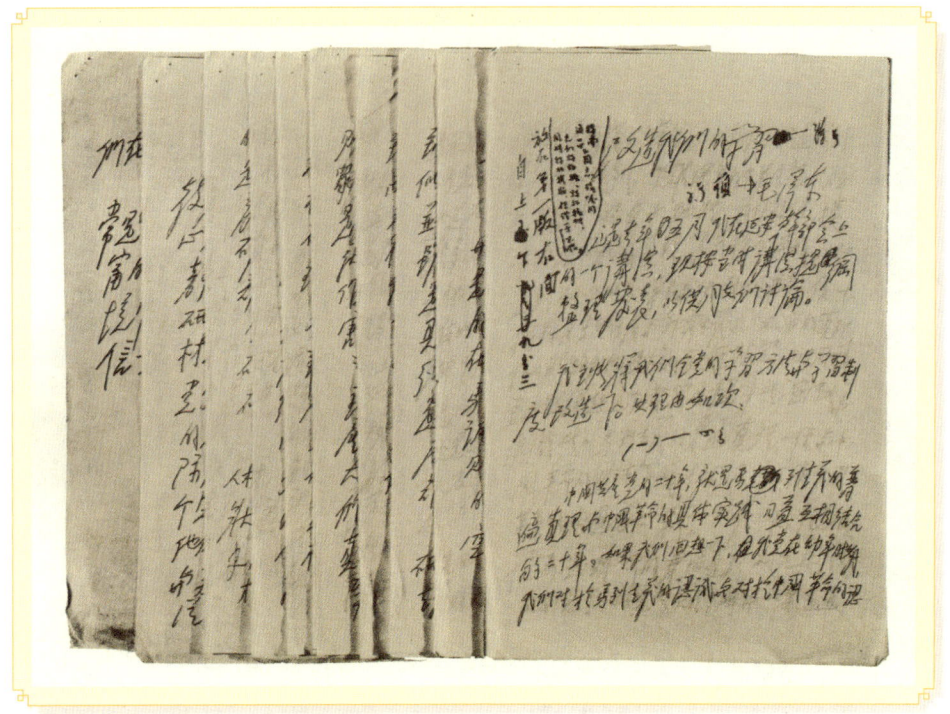

毛泽东《改造我们的学习》手稿

关于倡导学习党史，毛泽东这时有了更深层的思考和更全面的部署。1941年6月，他为中共中央书记处起草《关于中国共产党诞生二十周年、抗战四周年纪念的指示》，强调："要加强策略教育与学习党在二十年革命斗争中的丰富经验。"同年9月10日至10月22日，中共中央政治局举行扩大会议，讨论党的历史上的路线问题。会议期间，中共中央发出经毛泽东修改的《关于高级学习组的决定》，决定成立高级学习组，主要任务是研究马克思列宁主义理论和党的历史经验，以克服主观主义和形式主义等错误思想。此后，毛泽东花了很大精力领导全党的高、中级干部集中学习六大以来的重要文件，研究党的历史，检讨过去中央领导的路线是非。

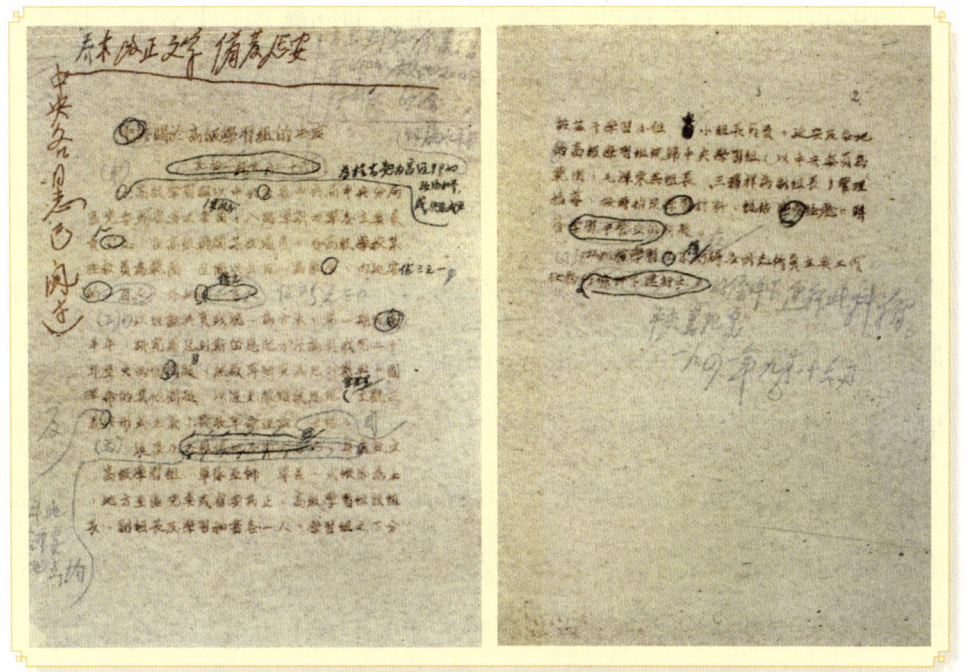

毛泽东修改的《关于高级学习组的决定》过程稿

1942年3月18日,毛泽东主持中共中央书记处工作会议。会议决定中央学习组与白区工作总结委员会共同开始研究中共党史,按大革命、苏维埃、抗战三大时期进行,一面请在延安的每个时期党的负责人报告当时情况,一面从各方收集党史资料,并首先编印一本适合中级干部阅读的党史文件选集。

3月30日,毛泽东在中央学习组作了《如何研究中共党史》的讲话。讲话强调了研究党的历史的重要性,阐述了研究党的历史的基本原则和基本方法,提出了划分党的历史发展阶段的根据,并对党的历史的三个发展阶段作了具体分析。这是迄今为止发现的第一篇关于中共党史研究理论和方法问题的专论。

1944年，中央重新提出起草历史决议的问题。3月5日，毛泽东在政治局会议上，就学习党史中几个重要问题（党内党外问题、合法与非法问题、思想弄清与结论宽大问题、不要反对一切、对六大的估计、党内的宗派是否还有）讲了六点意见，成为起草《决议》的重要指导原则。4月12日，毛泽东在西北局高级干部会议上作关于学习问题与时局问题的讲演，又一次对全党特别是领导干部提出了学习党史的要求。他强调："中央认为应使干部对于党内历史问题在思想上完全弄清楚。"5月，中央书记处成立"党的历史问题决议准备委员会"。毛泽东自始至终领导决议的起草工作，并亲自修改了至少7稿。在深入总结历史经验的基础上，中共六届七中全会原则通过《关于若干历史问题的决议》。

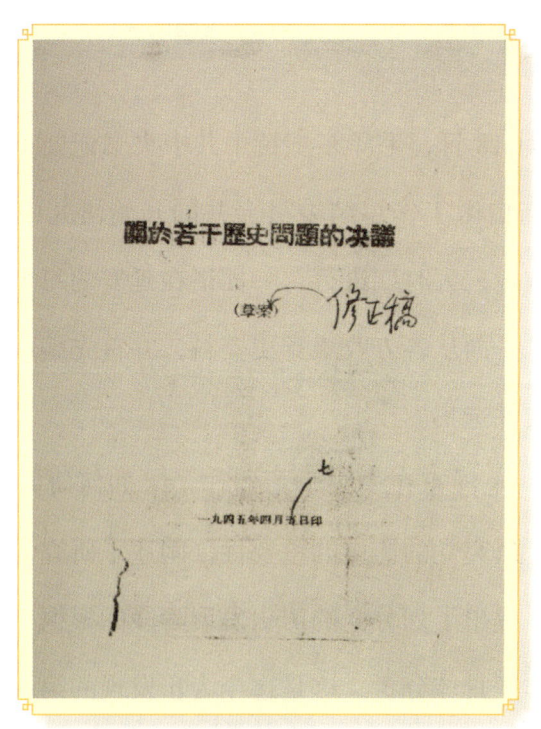

《关于若干历史问题的决议》修改稿

《关于若干历史问题的决议》对党内若干重大的历史问题作出正确的结论,使全党尤其是党的高级干部对中国民主革命的基本问题的认识达到在马克思列宁主义基础上的一致。毛泽东高度肯定其意义,他说:"这个决议不但是领导机关内部的,而且是全党性质的,同全国人民有关联的,对全党与全民负责的。哪些政策或者其中的哪些部分是正确的或者不正确的,如果讲得合乎事实,在观念形态上再现了二十四年的历史,就对今后的斗争有利益,对今后党和人民有利益。"

取得重大胜利、面临重大转折时,通过学习党史把握方向、激发继续奋斗的力量

红军长征胜利到达陕北后,面对巩固根据地、建立抗日民族统一战线的新形势,毛泽东及时对长征这一重大历史事件作出总结,指出长征的重要意义:"长征是历史纪录上的第一次,长征是宣言书,长征是宣传队,长征是播种机。"他分析长征胜利的原因:"没有共产党,这样的长征是不可能设想的。中国共产党,它的领导机关,它的干部,它的党员,是不怕任何艰难困苦的。"毛泽东认为长征对于中国革命的意义是深远的:"长征一完结,新局面就开始"。他还积极推动长征史料编辑工作,于1936年8月5日亲自为出版《长征记》征稿:"望各首长并动员与组织师团干部,就自己在长征中所经历的战斗、民情风俗、奇闻轶事,写成许多片断,于九月五日以前汇交总政治部。事关重要,切勿忽视。"截至1936年10月,总政治部共收到稿件200多件,50多万字。1942年11月,该书以《红军长征记》为名出版。

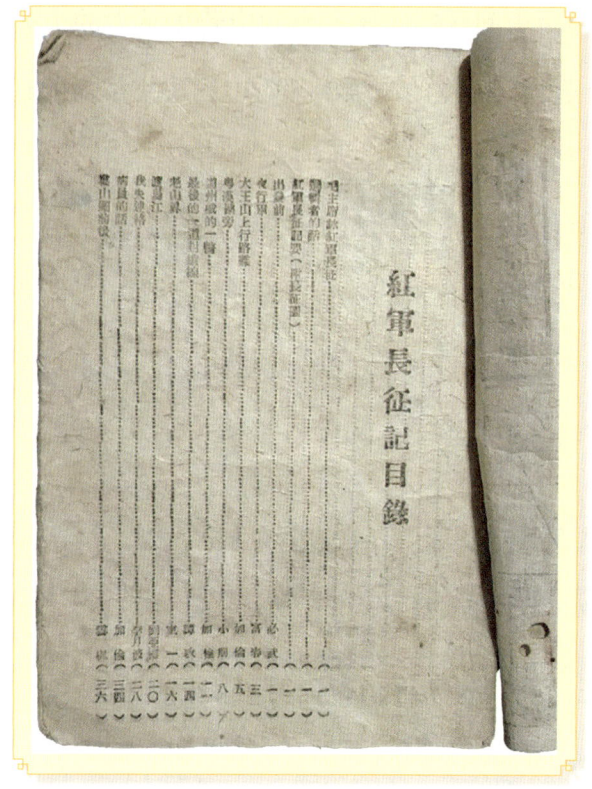

《红军长征记》目录

抗日战争全面爆发后，面对严峻复杂的形势，毛泽东积极倡导学习党史。1938年10月，毛泽东在中共六届六中全会上作《论新阶段》的报告。他指出：中国抗日战争将进入一个新阶段，"抗日战争发展的新阶段即是抗日民族统一战线发展的新阶段"。为了使全党切实担当起自己的历史重任，毛泽东号召大家要努力学习马克思主义理论，研究民族的历史和当前运动的情况与趋势。他说："指导一个伟大的革命运动的政党，如果没有革命理论，没有历史知识，没有对于实际运动的深刻的了解，要取得胜利是不可能的。"这里，学习党史已成为"使马克思主义在中国具体化"的必然要求，成为完成抗日救亡重任的必然要求。

六届六中全会主席团成员合影

1945年抗日战争胜利前夕,国际国内形势发生显著变化,一场关乎国家、民族、人民命运的"大事变"即将出现。毛泽东在中共七大上深情回顾党走过的道路,充满骄傲地说:"这二十四年我们就是这样走的:七年是从建党到北伐战争,十年国内战争,八年抗日战争。我们党尝尽了艰难困苦,轰轰烈烈,英勇奋斗。从古以来,中国没有一个集团,像共产党一样,不惜牺牲一切,牺牲多少人,干这样的大事。"在深刻总结历史经验的前提下,毛泽东高瞻远瞩,审时度势,科学回答了战后中国向何处去的问题,以高度的战略思维,引领形成七大正确的路线、纲领、策略,为抗日战争的胜利和新民主主义革命在全国的胜利奠定了坚实基础。

毛泽东在中共七大上作《论联合政府》报告

1949年，人民革命即将取得全国性胜利，新中国即将诞生，在这样重要历史转折关头，毛泽东对未来蓝图的描绘是从总结历史经验开始的。他在3月召开的中共七届二中全会上告诫全党：夺取全国胜利，这只是万里长征走完了第一步，中国的革命是伟大的，但革命以后的路程更长，工作更伟大，更艰苦。为此，毛泽东提出"两个务必"的思想，即"务必使同志们继续地保持谦虚、谨慎、不骄、不躁的作风，务必使同志们继续地保持艰苦奋斗的作风"。这里面包含着对中国几千年历史治乱规律的深刻借鉴，包含着对中国共产党艰苦卓绝奋斗历程的深刻总结，也包含着对取得胜利的政党永葆先进性和纯洁性、对即将诞生的人民政权实现长治久安的深刻忧思。

这年6月,毛泽东亲笔撰写了《论人民民主专政》,向党内外阐述中国共产党28年的根本经验和建立新中国的一些重大问题。文章说:"一九四九年的七月一日这一个日子表示,中国共产党已经走过二十八年了。像一个人一样,有他的幼年、青年、壮年和老年。中国共产党已经不是小孩子,也不是十几岁的年青小伙子,而是一个大人了。"文章回顾了近代以来先进的中国人探索救国真理的曲折历程,指出:一切别

毛泽东在中共七届二中全会上

的东西都试过了，都失败了。资产阶级的共和国，外国有过的，中国不能有，因为中国是受帝国主义压迫的国家。唯一的路是经过工人阶级领导的人民共和国。这个人民共和国就是人民民主专政的新中国。文章还总结中国革命的主要经验，阐明新中国的国家性质、人民民主专政内部各阶级的地位及其相互关系、民主和专政的辩证关系、新中国的对外政策。鞭辟入里的分析解开了很多人头脑里的疑惑，统一了党和人民的认识，为《共同纲领》的起草奠定了理论基础和政策基础。

9月16日，针对美国国务院白皮书和美国国务卿艾奇逊给总统杜鲁门的信，毛泽东又撰写《唯心历史观的破产》一文，从历史唯物主义的高度，对中国革命的发生和胜利的原因作了理论上的说明，揭露了美国对华政策的帝国主义本质。

每当取得重大胜利时，毛泽东都要及时回顾历史、总结经验，目的是应对新的形势和任务，把握方向，鼓舞士气，继续奋斗。这在抗美援朝战争取得胜利后也不例外。1953年7月27日，《朝鲜停战协定》在板门店签字，历时两年零九个月的抗美援朝战争结束。对于中国来说，这意味着国家战略重点转入大规模经济建设。9月12日，毛泽东在中央人民政府委员会第24次会议上，对抗美援朝战争作了系统总结。他指出："我们的经验是：依靠人民，再加上一个比较正确的领导，就可以用我们的劣势装备战胜优势装备的敌人。"他还指出抗美援朝战争胜利的重要意义：和朝鲜人民一起，打回到三八线，守住了三八线；取得了军事经验；提高了全国人民的政治觉悟；推迟了帝国主义新的侵华战争，推迟了第三次世界大战。这一讲话对于增强民族自信心，凝聚大规模社会主义经济建设的精神力量，具有重要的意义。

1953年7月27日，《朝鲜停战协定》签字仪式在板门店举行

积累一定经验和教训后，通过学习党史推动理论创新

从中国共产党诞生的那天起，以毛泽东为代表的中国共产党人就在探索中国革命的特殊规律，并试图从理论上阐发遇到的实际问题，努力实现马克思主义同中国实际相结合。而这种艰辛探索离不开对党史的学习和研究，离不开对历史经验和教训的总结。在总结经验的基础上形成理论，指导实践，是毛泽东领导革命和建设事业的显著特点。

1927年，毛泽东领导秋收起义，在攻打浏阳失利后，开创了向井冈山进军、建立中国农村革命根据地的道路。而这在当时是有争议的，有人认为中国革命应以城市为中心，到农村实行武装割据，是一种临时的退却行为。一开始中央也不承认这条新开辟的道路，毛泽东还为此受到过处分。但他没有气馁，而是认真总结井冈山斗争的经验。1928年10月到1930年1月，他先后写了《中国的红色政权为什么能够存在？》

《井冈山的斗争》《星星之火，可以燎原》等著作，从理论上初步阐明了中国革命必须实行工农武装割据，走农村包围城市、武装夺取政权的道路。

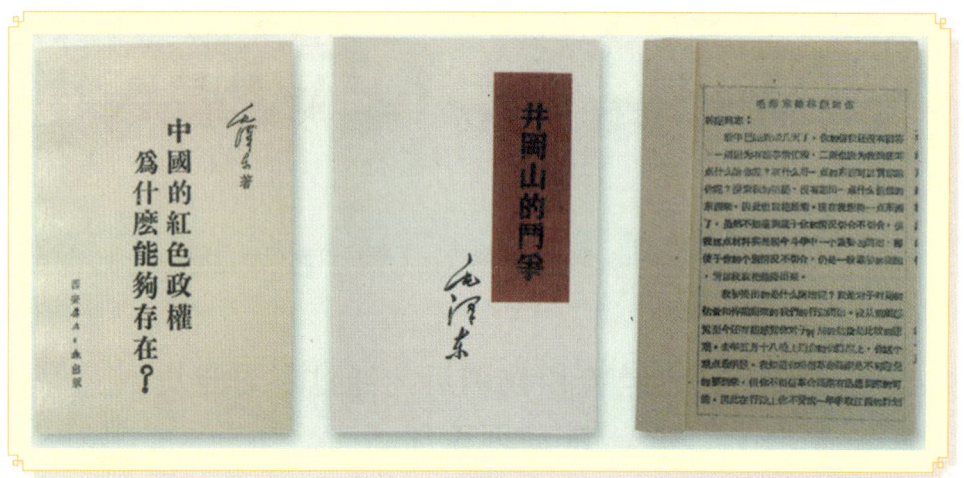

毛泽东《中国的红色政权为什么能够存在？》《井冈山的斗争》等著作

20世纪20年代后期和30年代前期，党内存在着把马克思主义教条化、把共产国际决议和苏联经验神圣化的错误倾向，这对中国革命危害很大。1930年5月，毛泽东为纠正红军中的教条主义思想倾向，写了《反对本本主义》一文。文章提出"没有调查，没有发言权"的著名论断，指出"中国革命斗争的胜利要靠中国同志了解中国情况"。毛泽东后来回忆说："这篇文章是经过一番大斗争以后写出来的。"这篇文章是对党的历史经验的总结，初步形成毛泽东思想活的灵魂的三个基本点，即实事求是、群众路线、独立自主。

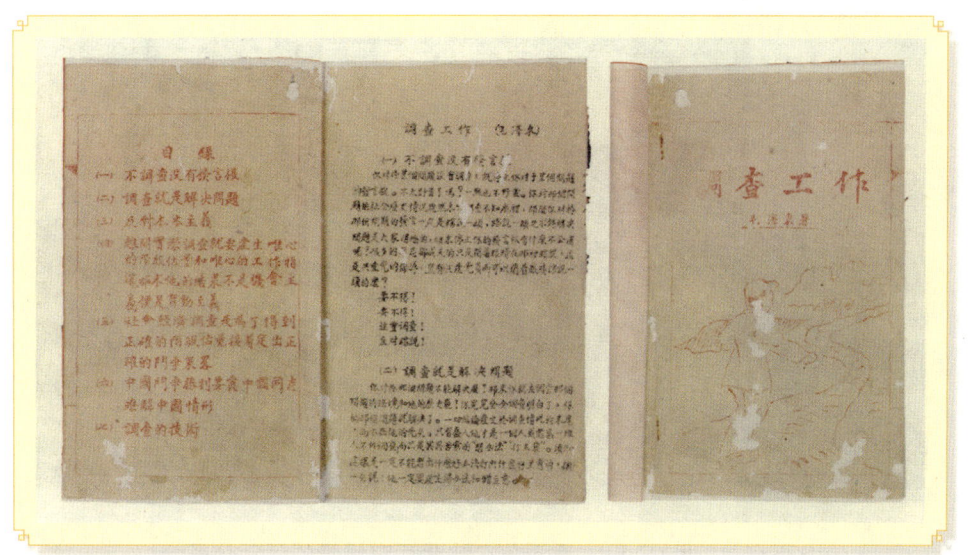

毛泽东《调查工作》

长征到达陕北后,中华民族危机日益严重、抗日救亡运动重新高涨,这种局势迫切需要毛泽东和党中央对新的形势、新的变化作出科学的分析判断,制定出正确的路线和策略。但是,中国共产党内部对时局的严峻复杂性认识并不一致,还存在着很大分歧,教条主义成为党前进道路上的阻碍。毛泽东充分认识到这个问题的严重性和紧迫性。他投入巨大精力,大量收集和潜心研究介绍马克思主义基本原则的理论著作,发奋攻读马克思主义的经典著作,并自觉运用马克思主义的立场、观点和方法,对1927年大革命失败以来党内存在的各种错误倾向和中国革命历史的经验教训,进行全面的系统的深刻的理论思考和理论概括。

1935年12月27日，毛泽东在陕北瓦窑堡党的活动分子会议上作《论反对日本帝国主义的策略》报告

从1935年底到1938年中共六届六中全会，毛泽东先后发表《论反对日本帝国主义的策略》《中国革命战争的战略问题》《实践论》和《矛盾论》《论新阶段》等重要著作。这些著作，运用马克思主义的基本理论，结合中国革命的具体实践，科学地总结了土地革命战争以来党的政治路线、军事路线、思想路线、组织路线，剖析了在党内盛行的主观主义尤其是以教条主义为主要特征的"左"倾冒险主义的表现、危害及其产生的思想根源，系统地阐明了马克思主义的世界观、战争观和方法论，揭示了指导中国革命和中国革命战争的基本规律、战略和策略，回答了党所面对的重大而紧迫的问题，基本解决了党的政治路线、军事路线、思想路线和组织路线，为全党进入抗日战争的新阶段作了极为重要的思想理论准备。

毛泽东《中国革命与中国共产党》

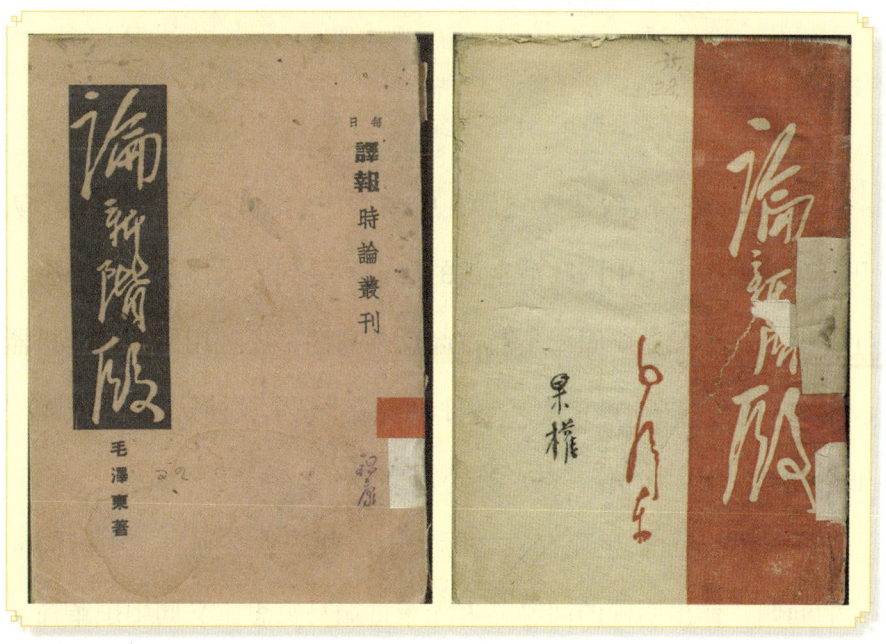

毛泽东《论新阶段》

毛泽东《辩证法唯物论》(讲授提纲)。
《矛盾论》和《实践论》出自该提纲第二章第11节和第三章第1节。

抗日民族统一战线建立之后，中国共产党和它领导的人民军队以公开合法的姿态走上中国政治生活的舞台，受到广大民众越来越密切的关注。但是，国民党顽固派不断掀起反共高潮，还利用所有宣传机器和手段，大肆鼓吹"一个主义""一个政党""一个领袖"，竭力鼓噪"共产主义不适合中国国情""共产党不需要存在"等言论。

在中华民族面临生死存亡之际，中国共产党必须对"中国向何处去"的问题，作出明确的回答。毛泽东遵循马克思主义同中国革命实践相统一的原则，总结党的历史经验，进行了艰辛的理论思考和创新。他于1939年、1940年之交的4个多月内，接连发表《〈共产党人〉发刊词》《中国革命和中国共产党》《新民主主义论》等重要著作，深刻系统地阐述了新民主主义革命理论，完整明确地提出新民主主义的政治纲领、经济纲领和文化纲领。这些理论不仅准确地回答了针对当时抗日时局提出的种种问题，回答了中国新民主主义革命阶段和未来建设新中国的一系列根本问题，而且深刻地阐明了中国共产党对于中国革命前途和未来开创新社会、建设新中国的政治主张，为我党夺取新民主主义革命的胜利，确立了奋斗目标；为中华民族建设新社会和新国家指明了前进方向。

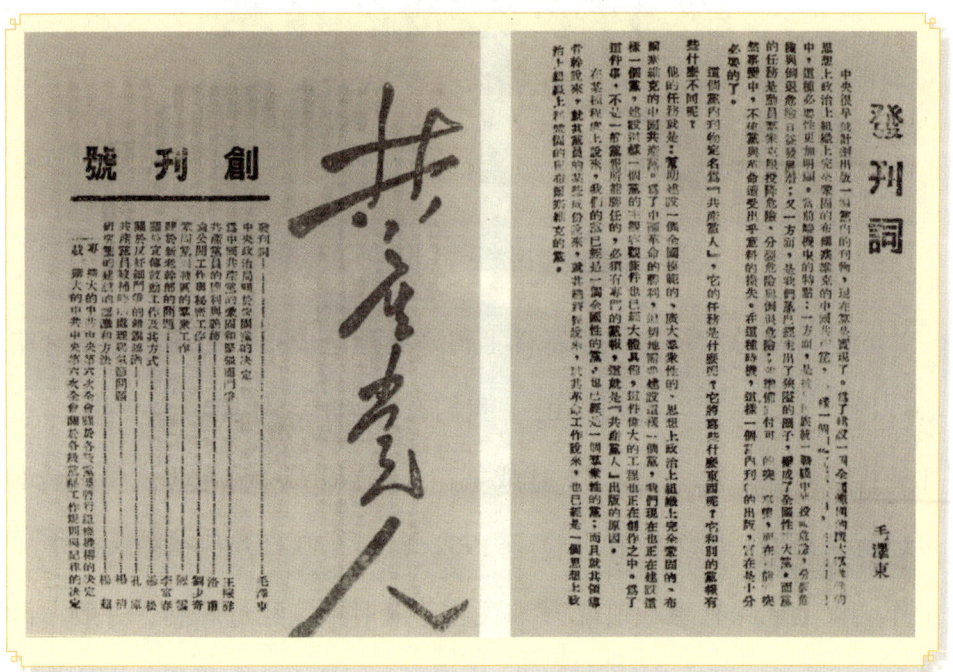

毛泽东《〈共产党人〉发刊词》

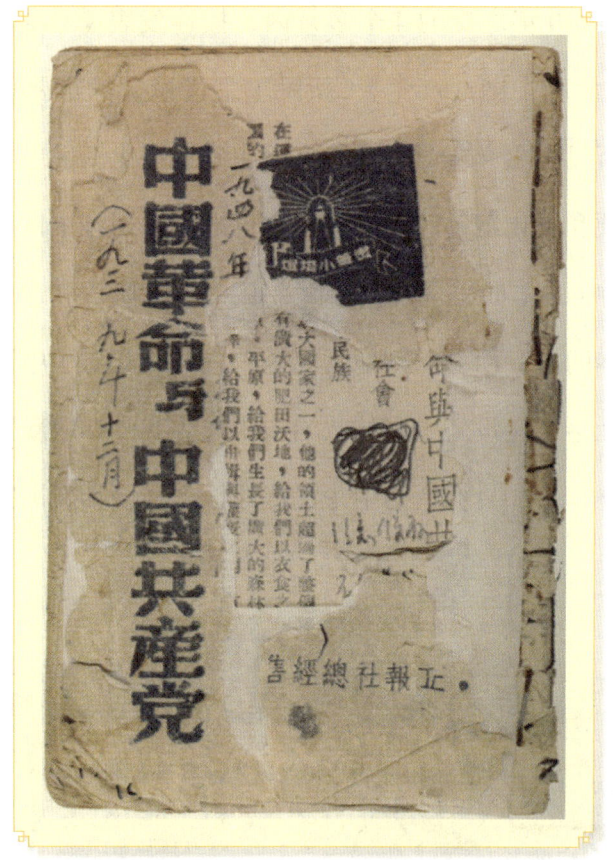

毛泽东《中国革命与中国共产党》

对这些在总结历史经验基础上得来的理论成果,毛泽东也刻骨铭心。1956年,毛泽东曾回忆说:"我们有了经验,才能写出一些文章。比如我的那些文章,不经过北伐战争、土地革命战争和抗日战争,是不可能写出来的,因为没有经验。"1962年1月30日,他在扩大的中央工作会议上还深有感触地说:"在民主革命时期,经过胜利、失败,再胜利、再失败,两次比较,我们才认识了中国这个客观世界。在抗日战争前夜和抗日战争时期,我写了一些论文,例如《中国革命战争的战略问题》《论持久战》《新民主主义论》《〈共产党人〉发刊词》,替中央起草过一些关于政策、策略的文件,都是革命经验的总结。那些论文和文件,只有在那个时候才能产生,在以前不可能,因为没有经过大风大浪,没有两次胜利和两次失败的比较,还没有充分的经验,还不能充分认识中国革命的规律。"只有经过两次胜利和两次失败,在抗日战争时期,"中国民主革命这个必然王国才被我们认识,我们才有了自由"。

毛泽东《新民主主义论》

新中国成立后,毛泽东在总结历史经验基础上仍然有较多理论创新。1956年起,中国进入了社会主义社会。这时,苏联的道路暴露出不少弊端。中国共产党面临的迫切问题,是如何探索一条适合中国情况的社会主义建设道路。《论十大关系》《关于正确处理人民内部矛盾的问题》等是毛泽东探索中国社会主义建设道路所取得的重要成果。其核心是以苏联的经验为鉴戒,总结前几年的初步经验,从中国经济建设和社会发展带普遍性的问题中概括出十大关系、正确处理人民内部矛盾的方针和方法,对适合中国情况的社会主义建设道路进行了初步的探索。这些新学说，从理论上提出和回答了社会主义国家政治经济生活中的主要问题，丰富和发展了科学社会主义的理论宝库。

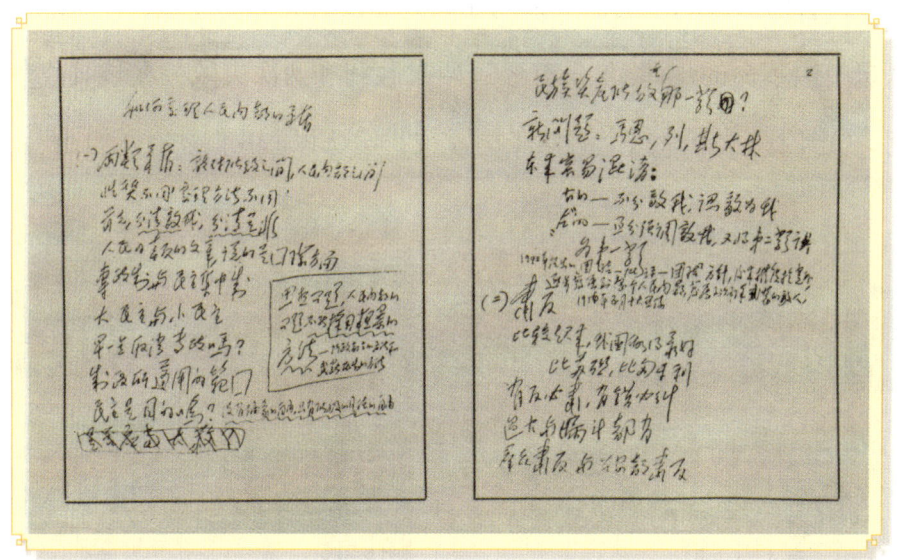

毛泽东《关于正确处理人民内部矛盾的问题》手稿

"我们是马克思主义的历史主义者，不应当割断历史"

毛泽东从青年时代起，就十分推崇学习历史，认为"读历史是智慧的事"。成为马克思主义者以后，他更加自觉地运用历史知识、借鉴历史经验来为党的事业服务。1938年10月14日，他在党的六届六中全会的政治报告中提出并阐述马克思主义中国化任务时，进一步指出："今天的中国是历史的中国的一个发展；我们是马克思主义的历史主义者，我们不应当割断历史。从孔夫子到孙中山，我们应当给以总结，承继这一份珍贵的遗产。这对于指导当前的伟大的运动，是有重要的帮助的。"

毛泽东之所以强调我们是马克思主义的历史主义者,应当尊重历史而不应当割断历史,这是因为,人类历史是一个无穷的由低级进到高级的运动过程,由前一代人创立的历史条件是后一代人从事历史活动的前提和基础,同时历史本身又在新一代人的活动中不断被改变;历史规律是在人类绵延不断的历史活动中形成,同时反过来决定和制约着人们的历史活动及其发展方向。

从马克思主义的认识论出发,毛泽东看到普遍真理存在于历史之中。他在1959年12月至1960年2月阅读苏联《政治经济学教科书》过程中,对照苏联社会主义建设的历程和经验教训,总结我国十年社会主义革命和建设的经验。他指出:"研究问题应该从历史的分析开始。规律自身不能说明自身。规律存在于历史发展的过程中","不从历史发展过程的分析下手,规律是说不清楚的"。

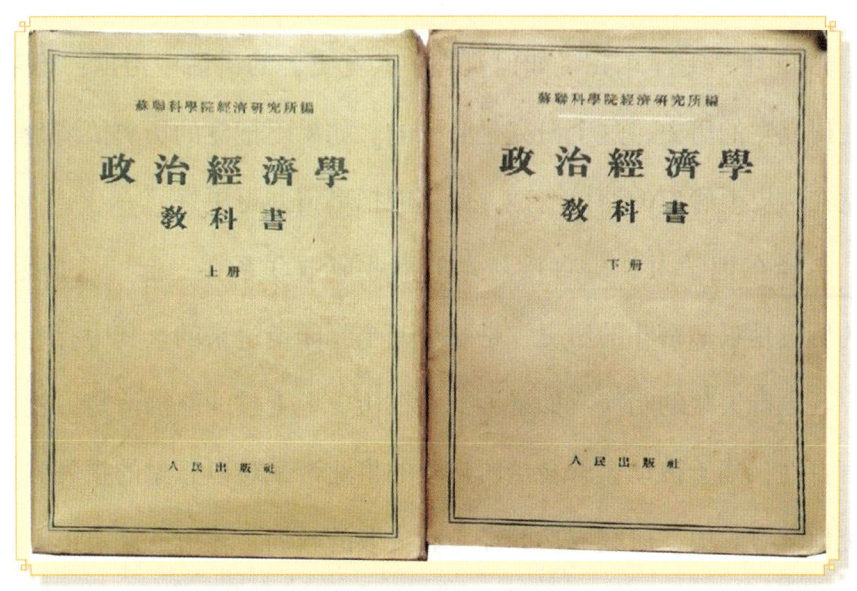

1955年出版的《政治经济学教科书》

历史不仅是人类总结昨天的记录，还是人类把握今天、创造明天的向导。1964年1月，毛泽东会见巴西共产党代表格拉波依斯。他向客人介绍中国革命的经验，强调农村工作具有重要意义。他说：事物的发展总是从小到大，由弱到强，这是讲有生命力的事物。没有生命力的事物则相反，他们总是由大到小，由强到弱，最后不存在。马克思主义者是善于学习历史的。一种社会一定要代替另一种社会，现在我们就是要以社会主义社会代替资本主义社会。1974年11月6日，毛泽东会见外宾时，深有感触地说："历史这门学问是一门好学问。"

学习历史、研究历史，用马克思主义的方法对历史作出科学的总结，这是中国共产党人的一项重要的学习任务。

"不把党在历史上所走的路搞清楚，便不能把事情办得更好"

1942年，毛泽东在《如何研究中共党史》的讲话中指出："现在大家在研究党的历史，这个研究是必须的。如果不把党的历史搞清楚，不把党在历史上所走的路搞清楚，便不能把事情办得更好。"

毛泽东把学习党史直接与党的事业成败联系在一起，这是因为，党的历史是艰辛奋斗的历史，是一步一个脚印走过来的。其中有胜利的辉煌，也有失败的暗淡。如果不把党在历史上走过的路搞清楚，就会产生盲目性，陷于被动，就会给所从事的事业带来难以想象的损失。只有系统地学习党史，研究成功的经验和失败的教训，才可能制定正确的路线方针政策，少走弯路，推进各方面的工作。"我们要研究哪些是过去的成功和胜利,哪些是失败,前车之覆,后车之鉴。"

在毛泽东看来,许多现实问题可以在总结历史经验中找到答案。1939年,毛泽东在《〈共产党人〉发刊词》中联系统一战线和武装斗争,系统总结了中国共产党18年的建设经验,指出:"我们今天要怎样建设我们的党?要怎样才能建设一个'全国范围的、广大群众性的、思想上政治上组织上完全巩固的布尔什维克化的中国共产党'?这个问题,考察一下我们党的历史,就会懂得。"

1965年,毛泽东曾风趣地说:"我是靠总结经验吃饭的。以前人民解放军打仗,在每个战役后,总来一次总结经验,发扬优点,克服缺点,然后轻装上阵,乘胜前进,从胜利走向胜利,终于建立了中华人民共和国。"

在毛泽东看来,"好的政策都是经验之总结"。1942年,他在中央

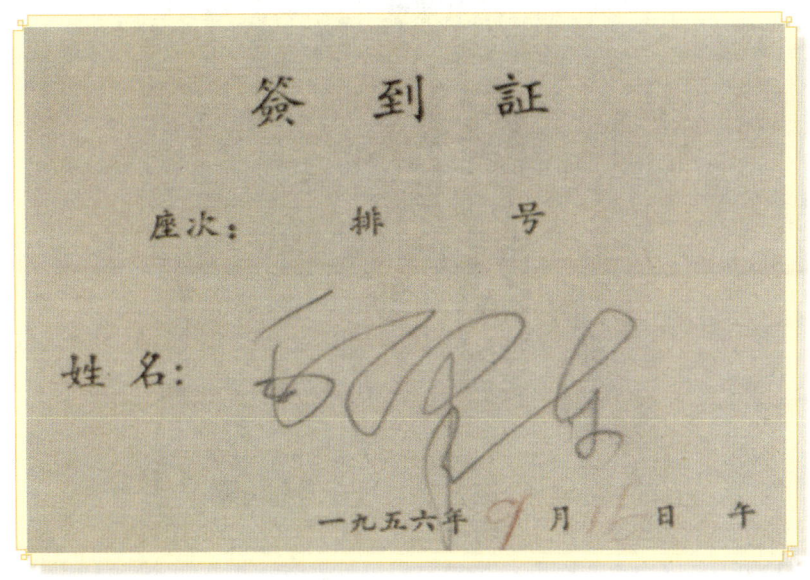

毛泽东参加中共八大的签到证

学习组作整风报告,指出:22个整风文件"是世界革命一百多年的经验的总结,是中国共产党诞生以来中国革命二十年经验的总结"。因此全党要抓紧学好文件,"把马列主义搞通,把主观主义反倒"。

新中国成立后,毛泽东多次在接见外宾时谈到中国共产党的历史经验。1956年9月,毛泽东会见参加中共八大的拉丁美洲一些党的代表时,着重谈了我们党领导新民主主义革命的基本经验——要高度重视农民的同盟军作用;要学会搞调查研究;要学会区别两种资产阶级。他指出,中国革命的经验,建立农村根据地,以农村包围城市,最后夺

毛泽东《经济问题与财政问题》

取城市的经验,对你们许多国家不一定适用,但可供你们参考。切记不要硬搬中国的经验。任何外国的经验,只能作参考,不能当作教条。一定要把马克思列宁主义的普遍真理和本国的具体情况这两个方面结合起来。

毛泽东认为领导者一项十分重要的任务就是总结历史经验。1941年8月22日,他在关于总结财经工作经验给谢觉哉的信中说:"凡人(包括共产党员)都只能根据自己的见闻即经验作为说话,做事,打主意,定计划的出发点或方法论,故注意吸收新的经验甚为重要,未见未闻的,连梦也不会作。边区有了今年经验,明年许多事都好办了。今年经验教育了八万人,也教育了一百四十万人(富县报告可证),教育了干部,也教育了领导者。善于总结经验,就是领导者的任务。"1972年12月17日,毛泽东同周恩来等人谈话时说:"历史要多读一些""失败者的传也要看"。1973年5月25日,毛泽东在中共中央政治局会议上的讲话中说:"政治局委员要懂得一点历史,不仅中国史、世界史,分门别类的政治史、经济史、小说史也要懂一点。从乌龟壳到共产党这一段历史应该总结。"

"如果要看前途,一定要看历史"

毛泽东认为,党史不是引导人们向后看,而是引导人们向前看。他曾说过:"要读历史。读历史的人,不等于是守旧的人。"在毛泽东看来,读历史的人不但不守旧,而且很可能是预见未来、富于创新的人,因为历史与未来是相通的。

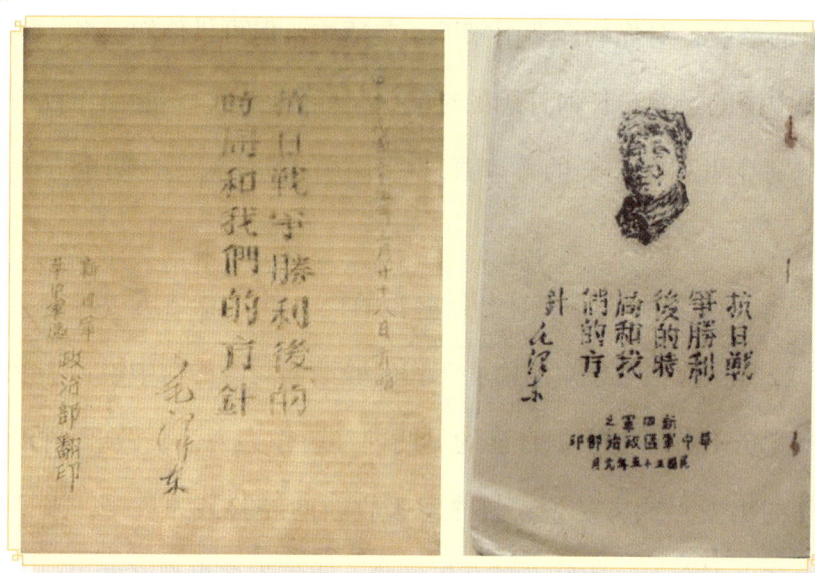

毛泽东《抗日战争胜利后的时局和我们的方针》

1945年8月13日，毛泽东在《抗日战争胜利后的时局和我们的方针》演讲中说："看它的过去，就可以知道它的现在；看它的过去和现在，就可以知道它的将来。"1964年7月9日，他在会见外宾时说："如果要看前途，一定要看历史。从亚洲、非洲、拉丁美洲在第二次世界大战以后十几年的历史来看，就知道亚非拉人民将来的前途。我们看历史，就会看到前途"。

毛泽东把学习历史上升到人类历史和人类认识论的高度，指出这是实现创新的必由之路。1964年，他审阅周恩来在三届人大一次会议上的政府工作报告草稿时，加写了这样一段文字："在生产斗争和科学实验范围内，人类总是不断发展的，自然界也总是不断发展的，永远不会停止在一个水平上。因此，人类总得不断地总结经验，有所发现，有所发明，有所创造，有所前进。停止的论点，悲观的论点，无所作为和

周恩来在三届人大一次会议上作政府工作报告

骄傲自满的论点,都是错误的。"

人类要进步,社会要发展,事业要兴旺,就必须不断总结历史经验,纠正错误,开拓创新。历史是打开未来大门的一把钥匙。

"拿历史来教育最有效力了"

毛泽东十分重视党史在党的建设中的教育功能。他多次强调:"只有讲历史才能说服人","拿历史来教育最有效力了"。

首先,学习党史是提高党员干部贯彻党的路线、方针和政策自觉性,促进党内思想统一的有效方法。毛泽东把总结历史经验与加强党的建设有机结合起来,对党员干部进行了有说明力的教育。1929年他在古田会议上所作的《关于纠正党内的错误思想》报告,就是对党的建设经验的总结。他在《〈共产党人〉发刊词》中说:"根据马克思列宁主义的理论和中国革命的实践之统一的理解，集中十八年的经验和当前的新鲜经验传达到全党，使党铁一样地巩固起来，而避免历史上曾经犯过的错误——这就是我们的任务。"延安整风运动是利用党的历史加强党的建设的典型范例。毛泽东认为，了解我们党历史上的成功和失误，深刻总结经验教训，是使党的干部提高正确贯彻党的路线方针政策自觉性的重要途径。他说：通过对党的奋斗历史的研究，可以使全体党员干部"对今天的路线和政策有更好的认识，使工作做得更好，更有进步"。1961年6月12日，毛泽东在中央工作会议上说："我们在民主革命时期教育干部也是长期进行的。陈独秀不懂得民主革命，实行的是右倾机会主义路线，使革命失败，五万党员只剩下万把人。上山打游击，打了十年。十年中间又犯了三次'左'倾错误，万里长征教育了我们。"

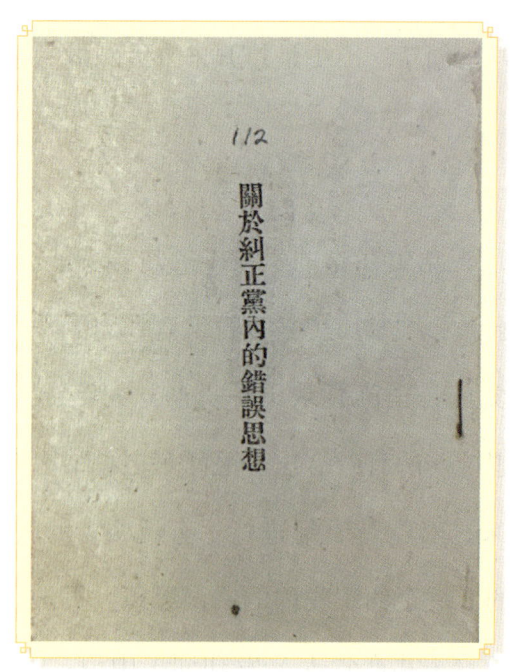

毛泽东《关于纠正党内的错误思想》

其次，学习党史是继承和发扬党的优良传统和作风的必要条件。毛泽东认为，在对党员干部进行理想信念和党的优良作风教育时，党史是最生动、最有说服力的教科书。1936年12月，他在《中国革命战争的战略问题》中总结第二次国内革命战争的经验，指出："中国共产党以自己艰苦奋斗的经历，以几十万英勇党员和几万英勇干部的流血牺牲，在全民族几万万人中间起了伟大的教育作用。"1959年，毛泽东重回井冈山时指示："安排工作人员和湖南省的同志，分批参观一下井冈山，最好请熟悉情况的同志介绍一下，让年轻人增加此历史知识。"他要求发挥革命纪念地的宣传作用，加强党的历史教育。毛泽东认为，用党的历史来教育党员，是中国共产党加强自身建设的一条成功经验。学习研究党史，可以更好地培养广大党员的高尚道德情操，可以使党员更好地继承党的

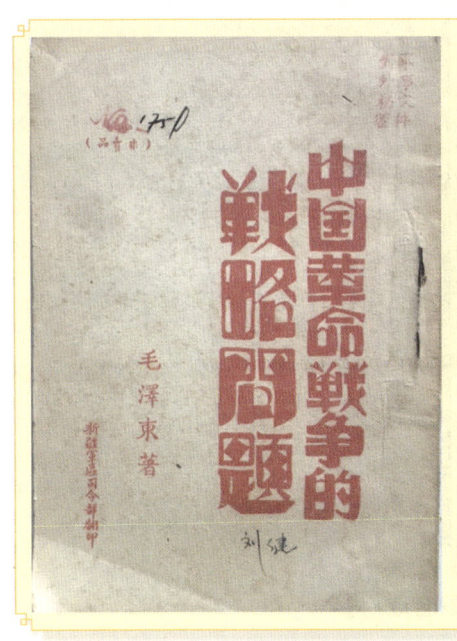
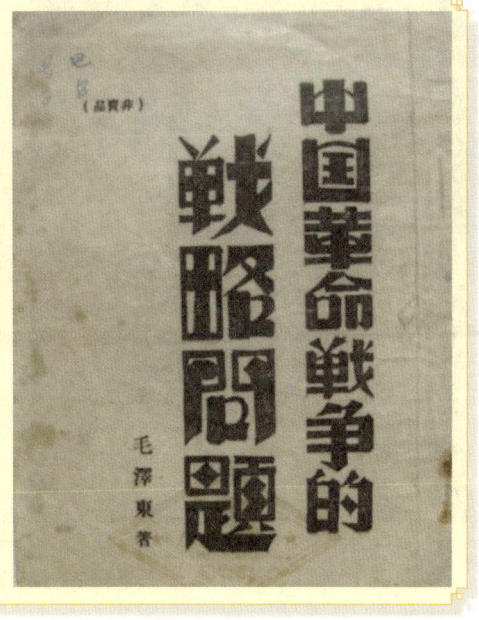

毛泽东《中国革命战争的战略问题》

优良传统和作风，获得强大的精神动力，树立正确的价值观和人生观。

第三，学习党史是增强党员干部必胜的信念和提高民族自信心的切实手段。1945年4月24日，毛泽东在《论联合政府》的政治报告中总结北伐战争、土地革命战争和抗日战争的经验，写道："三次革命的经验，尤其是抗日战争的经验，给了我们和中国人民这样一种信心：没有中国共产党的努力，没有中国共产党人做中国人民的中流砥柱，中国的独立和解放是不可能的，中国的工业化和农业近代化也是不可能的。"6月17日，他在中国革命死难烈士追悼大会上的演说中又指出："对历史经验进行了总结，对当前的形势和前途都有明确的认识，因此我们有巩固的信心。"

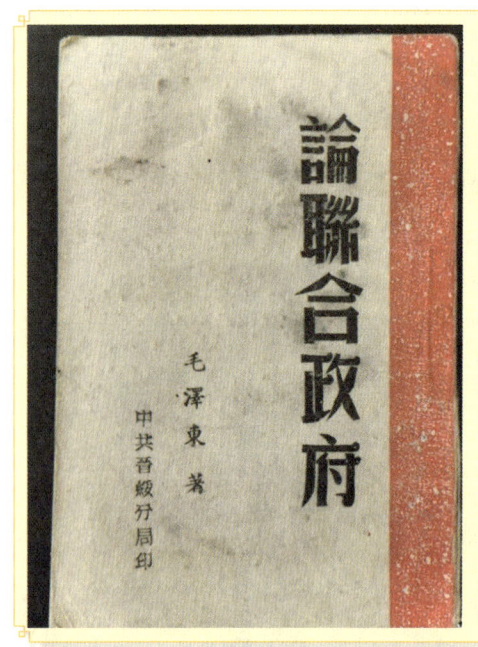

毛泽东《论联合政府》

谈从党史中学什么

学习党的光辉历程。党的光辉历史是党史学习的基本对象,毛泽东特别强调:"我们是用整个党的发展过程做我们研究的对象,进行客观的研究,不是只研究哪一步,而是研究全部;不是研究个别细节,而是研究路线和政策。"

毛泽东所指的研究中国共产党历史的全过程,至少包括以下几个方面:第一,研究党领导人民进行反帝反封建斗争,经过曲折的道路,取得伟大胜利和巨大成就的历史。第二,研究党在革命斗争中把马克思主义普遍原理同中国革命的具体实践相结合的历史,也就是马克思主义中国化的历史。第三,研究中国共产党在自身建设中,在同各种错误思想、错误倾向作斗争中,逐步成长和发展的历史。第四,研究革命发生的历史渊源和国内国际形势。

在毛泽东看来,我们必须完整地、系统地研究党的整个发展过程。因为党的历史发展的规律性,只有在党的整个发展过程中才能逐步地显示出来。如果不研究党的历史的全部,而只是研究它的某一部分,就难以全面地揭示党的历史发展的规律性。而且,如果不把党的某个阶段的历史放到党的整个发展过程中去考察,我们也不可能把这个阶段的历史真正认识清楚。

毛泽东还指出:"研究中国共产党的历史,还应该把党成立以前的辛亥革命和五四运动的材料研究一下。不然,就不能明了历史的发展。"可见,毛泽东研究党史的对象,不仅仅局限于单纯的党的活动,而是关注了革命发生的复杂的社会背景，使党员干部更深刻地认识中国革命发生的历史必然性和党的诞生并领导中国革命的历史必然性。

关于党史分期问题，毛泽东也有明确观点。1942年，毛泽东在《如何研究中共党史》的讲话中，把党领导的反帝反封建的斗争划分为三个阶段：第一个阶段从党成立到大革命失败；第二个阶段是十年内战时期；第三个阶段是抗日战争时期。毛泽东还具体分析了三个阶段革命所打击的目标、革命的任务、革命的力量、革命的统一战线，以及我们党在这三个阶段取得的成功经验和教训。抗日战争胜利后，毛泽东又明确指出，我们进入了一个为建立新中国而奋斗的新阶段。毛泽东的这种划分，体现了不同历史阶段中国革命的内容，为科学划分中国共产党的历史发展阶段奠定了基础。

学习党的宝贵经验。在毛泽东看来，成功和胜利的经验固然是宝贵的，是值得认真总结的，但失败和受挫的教训也是至关紧要的。事实上，"错误往往是正确的先导"。历史的经验表明："革命的政党，革命的人民，总是要反复地经过正反两方面的教育，经过比较和对照，才能够锻炼得成熟起来，才有赢得胜利的保证。"因此，"失败的教训同样值得研究，它可以使人少走弯路。王明的教条主义错误，曾给我国的革命造成很大的损失。但是他的错误对我们有帮助，教育了党，教育了人民，从这一点上讲，我本人就是他的学生。"

毛泽东运用辩证的观点观察历史，把失误也当作财富认真对待，以吸取教训，使工作有更大进步。1949年他在《论人民民主专政》中说："错误和挫折教训了我们，使我们比较聪明起来了，我们的事情就

毛泽东《论人民民主专政》

办得好一些。任何政党，任何个人，错误总是难免的，我们要求犯得少一点。犯了错误则要求改正，改正得越迅速，越彻底，越好。"

据师哲回忆，毛泽东在1956年会见米高扬时谈到"左"倾机会主义路线在党内统治时期较长，给党带来的危害和损失也最大，毛泽东说：这些教训和经验是不能不予以认真检查和总结的。只有对以往走过的道路、所遇到的事件、所犯的错误或成功作个认真负责的检查和总结，从中吸取应有的教训，得出正确的结论，对革命才会有益，才有助于革命事业的进一步发展。

1961年6月21日，毛泽东会见外宾时说：研究中国党的历史，不仅要研究胜利的历史，也还要研究失败的历史。只有经过很多痛苦，才能取得经验。不要把错误单纯认为是一种耻辱，要看作同时是一种财产；不能说错误路线没有用处，它是有很大的教育意义的。

毛泽东认为，正确对待错误的态度是吸取经验教训，改正错误。他说："郑重的党在于重视错误，找出错误的原因，分析所以犯错误的主观和客观的原因，公开改正。"

学习党的伟大精神。毛泽东把学习党的伟大精神作为党史学习的重要内容，要求广大党员干部从党史中学习实事求是、艰苦奋斗、独立自主、自力更生等伟大精神。从他讲长征的历史中，我们可以看到他对伟大精神的重视和倡导。

1939年5月30日，毛泽东在西北青年救国会举行的模范青年授奖大会上说："共产党有艰苦奋斗的作风，能够忍饥挨饿去打日本帝国主义。从前红军长征过草地的时候，有五十天没有饭吃，吃树皮，这只有共产党能做到，别人是做不到的。"

1956年，毛泽东在党的八届二中会议上发表讲话，也提到了长征的历史，倡导艰苦奋斗的精神。他说："我们长征路上过草地，根本没有房子，就那么睡，朱总司令走了四十天草地，也是那么睡，都过来了。我们的部队，没有粮食，就吃树皮、树叶。同人民有福同享，有祸同当，这是我们过去干过的，为什么现在不能干呢？只要我们这样干了，就不会脱离群众。"他还讲了解放战争时期的一段历史："锦州那个地方出苹果，辽西战役的时候，正是秋天，老百姓家里很多苹果，我们战士一个都不去拿"，战士们当时的伙食仅是"盐水加酸菜"，却没有一个人去拿苹果。毛泽东说："这个酸菜里面就出政治，就出模范。解放军得人心就是这个酸菜"。

1957年1月，毛泽东在省市自治区党委书记会议上再次提到长征："要想尽一切办法。这个话很好，就是要想尽一切办法解决困难。这个口号应当宣传。我们现在遇到的困难不算很大，有什么了不起呀！比起万里长征，爬雪山过草地，总要好一点吧。长征途中，在过了大渡河以后，究竟怎么走呢？北面统是高山，人口又很少，我们那个时候提出要千方百计克服困难。什么叫千方百计呢？千方者，就是九百九十九方加一方，百计者，就是九十九计加一计。现在你们还没有提出几个方几个计来。各省、中央各部究竟有多少方多少计呀？只要想尽一切办法，困难是可以解决的。"

毛泽东认为，党的伟大精神是在党长期奋斗历程中产生的，成为党的历史的重要组成部分。一代又一代共产党员顽强拼搏，不懈奋斗，无私奉献，甚至不惜流血牺牲，培育形成一系列彰显党的理想信念、性质宗旨和奋斗目标的伟大精神，这些精神体现着人民和时代的要求，是我们党从小到大、由弱变强、不断发展壮大的红色基因，对于推动党的事业发挥了无可替代的作用。因此，他把伟大精神的学习放在重要地位，突出党史的育人功能。

谈怎样学党史

必须坚持马克思主义理论的科学指导。毛泽东指出："中国的历史学，若不用马克思主义的方法去研究，势将徒费精力，不能有良好结果"。他认为，马克思列宁主义不仅是中国共产党的指导思想，也是我们做好党史工作的根本指针。只有以科学理论指导党史研究，才能做到实事求是。他说："如何研究党史呢？根本的方法马恩列斯已经讲过了，就是全面的历史的方法。我们研究中国共产党历史，当然也要遵照这个方法。"。他提出要用马克思列宁主义的立场观点方法，来具体地研究中国的现状和中国的历史，就是要遵循辩证唯物主义和历史唯物主义，坚持经济基础决定上层建筑、历史是社会经济形态发展的自然过程的观点，坚持生产力是历史发展的最终决定力量的观点，承认社会意识对社会存在、上层建筑对经济基础、生产关系对生产力的反作用，坚持人民群众是历史创造者观点。例如，毛泽东强调："我们研究党史，必须是科学的，不是主观主义。研究党史上的错误，不应该只恨几个人。如果只恨几个人，那就是把历史看成是少数人创造的。"毛泽东主张把历史唯物论作为观察党的历史的根本原则和方法，正确地解释党史上发生的复杂历史现象，为正确学习党史指明了方向。

必须坚持马克思主义中国化的正确方向。毛泽东指出："研究中共党史，应该以中国做中心，把屁股坐在中国身上。"在党的历史上曾经有一些人"一切以外国为中心，做留声机，机械地生吞活剥地把外国的东西搬到中国来"。毛泽东严厉地批评了这种"言必称希腊"的主观主义态度，认为这种态度违背了马克思主义理论联系实际的基本原则。他强调："不研究中国的特点，而去搬外国的东西，就不能解决中国的问题。如果不研究中国共产党的历史的发展，党的思想斗争和政治斗争，我们的研究就不会有结果。"他明确提出："我们要把马、恩、列、斯的方法用到中国来，在中国创造出一些新的东西。只有一般的理论，不用于中国的实际，打不得敌人。但如果把理论用到实际上去，用马克思主义的立场、方法来解决中国问题,创造些新的东西,这样就用得了。"

必须坚持理论联系实际的优良学风。毛泽东认为党史学习,不是为了学习而学习,根本目的在于总结经验、指导实践、开辟未来。他强调,"研究历史不结合现实不行",党史研究要为指导现实的斗争服务。他还说:我们所要的理论家应该"能够依据马克思列宁主义的立场、观点和方法,正确地解释历史中和革命中所发生的实际问题,能够在中国的经济、政治、军事、文化种种问题上给予科学的解释,给予理论的说明"。

中国共产党要领导人民去实现自己担负的历史任务,首先和主要的,是要制定出一条正确的路线和相应的方针政策。学习研究党史,总结党的历史经验,从根本上说,就是为了有助于做到这一点。正因为如此,毛泽东才强调我们研究党史要着重"研究路线和政策"。

毛泽东的若干经典之作,是中共党史的重要学习研究成果,同时对中国革命、中国共产党的建设具有极重要的指导作用和深远的历史意义。

重视材料的占有,坚持材料和观点的统一。毛泽东十分重视党史文献资料的收集工作。他强调:"详细地占有材料,加以科学的分析和综合的研究"。

占有材料是学习党史的基础。在中央苏区时期,毛泽东已经开始注意党史文献资料的收集和整理工作。1930年12月28日,正当第一次反"围剿"紧张进行时刻,毛泽东和朱德发布了红军第一方面军第十一号命令,命令"各团连之重要文件,一律集中到师部去"。1931年

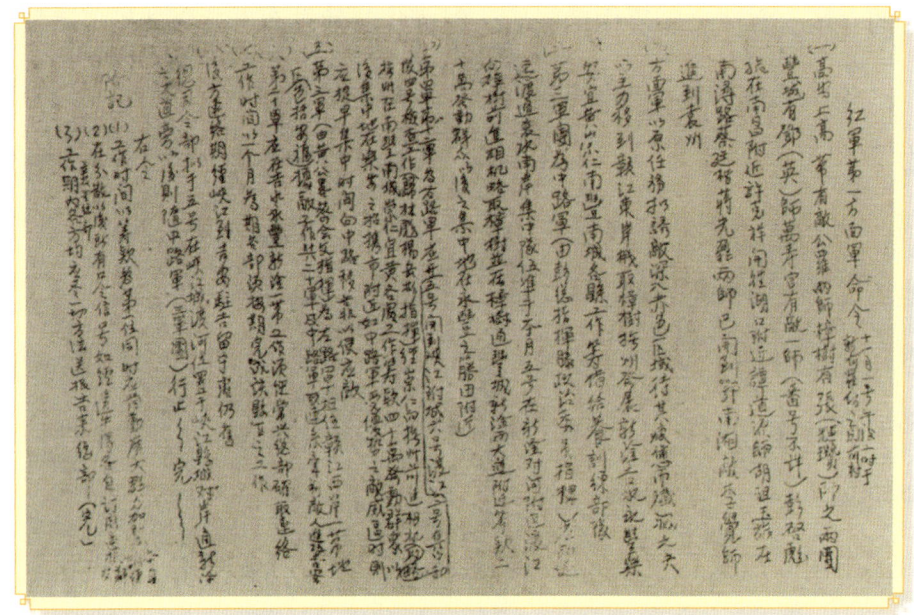

红军第一方面军发布的命令

4月,毛泽东等签发《关于成立红军战史编辑委员会的决定》,委员会由叶剑英等13人组成,任务是收集整理红军各种文献资料。1934年长征开始后,途中运输困难,曾三回忆说:"毛主席宁肯丢掉别的行李,也要把党史文献资料挑走。"

毛泽东亲自收集党史资料,对损失的材料十分痛惜。他说:"我过去做过湘潭、湘乡、衡山、醴陵、长沙、永新、宁冈七个有系统的调查,湖南那五个是大革命时代(一九二七年一月)做的,永新、宁冈两个是井冈山时代(一九二七年十一月)做的。湖南五个放在我的爱人杨开慧手里,她被杀了,这五个调查大概是损失了。永新、宁冈两个,一九二七年红军离开井冈山时放在山上的一个朋友手里,蒋桂会攻井冈山时也损失了。失掉别的任何东西,我不着急,失掉这些调查(特别是衡山、永新两个），使我时常念及，永久也不会忘记。"

1937年5月，为纪念中国工农红军诞生10周年，毛泽东和朱德联名发出《军委关于征集红军历史材料的通知》，决定"大规模地编辑十年来全国的红军战史，组织红军历史征编委员会，号召红军指战员写出自己关于各种历史战斗的见闻"。根据通知精神，成立了由邓小平等11人组成的红军战史征编委员会。

毛泽东从1940年开始主持编辑《六大以来》，于1941年完成，共280多万字，汇集了从1928年到1941年间党的重要文件和党的领导人的重要言论和文章，共418篇，被毛泽东称为"党书"，成为整风中高级干部学习党史的主要材料。《六大以来》编辑出版后，在党内引起极大反应，产生十分积极的影响。许多党员干部"读了之后恍然大悟，发生了启发思想的作用"。不少人由此产生了学习研究党史的浓厚兴趣。有些同志向中央建议，要求像编《六大以来》一样，编一本六大以前的党史资料书。于是毛泽东又主编了《六大以前》《两条路线》等资料集。两书以中共中央书记处名义分别于1942年10月、1943年10月编印出来。这三部大型历史文献集对延安整风运动的顺利开展、总结党的历史经验、研究党的历史上的路线问题、确立党的实事求是思想路线，发挥了重要作用。

毛泽东还多次表示要编写中国共产党的历史。1964年6月24日，他会见马里政府代表团时说："历来中国人没有写回忆录这样的习惯，中国人喜欢写历史。我们正在组织写中国近百年史、近百年通史，即综合性的历史。我们还在写近百年的军事史、政治史、经济史、哲学史和

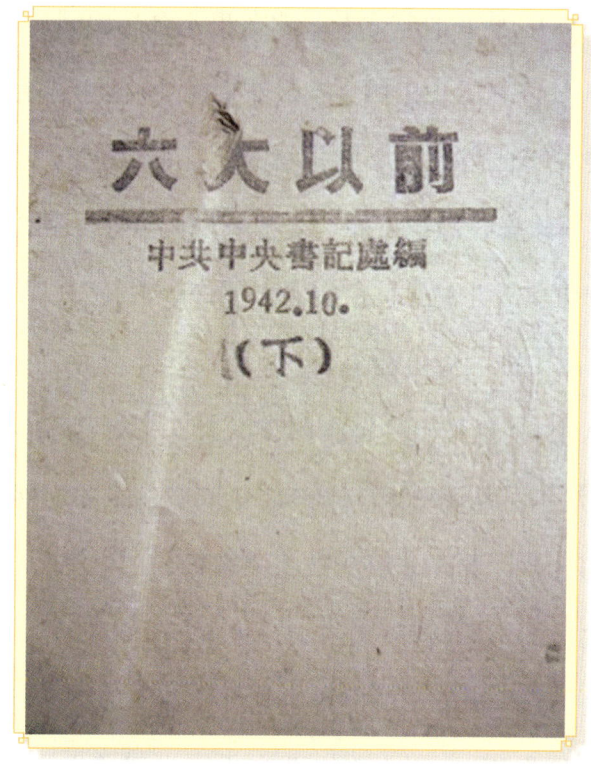

毛泽东主持编辑的《六大以前》（下）于1942年10月出版

艺术史。也有一些人提议写党的历史。写党史还没有布置好。"

毛泽东逝世后，1977年，叶剑英曾在中共中央党校开学典礼的讲话中说："毛主席在世的时候，准备做一件大事，就是要把我们党几十年来的全部斗争经验加以总结，写出一部党史来。在党的九届一中全会上，毛主席还指示我们说：要搞个党史，没有不行。现在不知有多少党史，就是没有个正本。党校要有党史这个正式课程。但这件事没有完成，毛主席就离开我们了，因此，这件事变成了他老人家的遗愿。"

坚持发展的全面的观点，用好"古今中外法"。1942年，毛泽东在《如何研究中共党史》的讲话中，提出"古今中外法"。所谓古今中外法,"就是弄清楚所研究的问题发生的一定的时间和一定的空间,把问题当作一定历史条件下的历史过程去研究"。

"所谓'古今'就是历史的发展",是指党史研究的纵向维度。历史既是一个不可分割的完整的、连续的、不断发展的过程;又呈现出发展的阶段性,后面阶段是在前面阶段的基础上发展起来的,要研究清楚后面阶段的历史,不了解前面阶段的历史是不行的。比如,研究中国共产党的历史,就"应该把党成立以前的辛亥革命和五四运动的材料研究一下"。只有把这些材料研究清楚了,才能阐明中国共产党为什么诞生在20世纪20年代的中国;才能讲清楚中国共产党的成立为什么是近代中国革命发展的必然。

"所谓'中外'就是中国和外国,就是己方和彼方",是党史研究的横向维度。任何一个民族、一个国家、一个政党的历史发展,都不是孤立的,都同它所处的国际国内环境紧密地联系在一起。研究中国共产党的历史,不能不研究国际共产主义运动史,不能不研究共产国际和联共(布)的材料;研究党在抗日战争时期的历史,也离不开对日本的战争政策以及对整个世界反法西斯战争的研究。"中外"除了指中国和外国,还包括己方与彼方的意义。

毛泽东概括地说:"世界上没有这方面,也就没有那方面。所以有一个'古今',还有一个'中外'。辛亥革命以来,五四运动、大革命、内战、抗战,这是'古今'。中国的共产党、国民党,农民、地主,工人、资本家和世界上的无产阶级、资产阶级等等,这就是'中外'。"毛泽东还设想,为了系统地研究中共党史,将来要编两种材料,一种是党内的，包括国际共产主义运动；一种是党外的，包括帝国主义、地主、资产阶级等。这两种材料都按照年月先后编排，两种材料对照起来研究。

毛泽东提倡的古今中外法，就是强调对问题的分析要从纵横两方面全面地加以认识，用发展的、全面的观点和联系、比较、对照的方法研究历史，反对静止地、孤立地研究历史。而这正是马克思主义的全面的历史的研究方法。

坚持辩证分析的态度。辩证分析法是党史研究坚持实事求是的根本要求。毛泽东强调："处理历史问题，不应着重于一些个别同志的责任方面，而应着重于当时环境的分析，当时错误的内容，当时错误的社会根源、历史根源和思想根源。"他以分析党史事件为例，具体阐述了辩证分析的方法。他说："例如对于四中全会至遵义会议时期中央的领导路线问题，应作两方面的分析：一方面，应指出那个时期中央领导机关所采取的政治策略、军事策略和干部政策在其主要方面都是错误的；另一方面，应指出当时犯错误的同志在反对蒋介石、主张土地革命和红军斗争这些基本问题上面，和我们之间是没有争论的。"

1944年3月5日他说："如果把过去一切都否认就是一种偏向，我们要分析，不要笼统地一概否定。我在写《中国革命战争的战略问题》时，也说到要保留好的东西，这才是实事求是。"

毛泽东指出："我们党的历史经验，也是在自己同各种错误路线作斗争的过程中使自己获得了锻炼，因此取得了伟大的革命胜利和建设胜利的。至于局部的和个别的错误，则在工作中时常发生，仅仅是依赖党的集体智慧和人民群众的智慧，及时地加以揭露和克服，才使它们不能获得发展的机会，没有成为全国性的和长期性的错误，没有成为危害人民的大错误。"

1959年2月2日在省、市、自治区党委书记会议上的讲话："历史上不管中国外国，凡是不应该否定一切的而否定一切，凡是这么做了的，结果统统毁灭了他们自己。……我讲了这么一个历史问题，目的是什么呢？就是引起同志们注意，进行教育。"

任何一个历史事件或历史人物，都是特定的历史环境的产物。它们不是冒然出现、孤立存在的。要从历史发展的内部联系中，找出历史事件的客观原因，找出历史人物活动的客观依据，分析这个历史事件或人物在历史发展中的方位和作用。不过，只看客观原因还不够，还"必须看到领导者的作用，那是有很大作用的。但是领导人物也是客观的存在，搞'左'了，搞右了，或者犯了什么错误，都是有客观原因的，找到客观原因才能解释。"

毛泽东这种辩证分析、全面系统研究党史的方法，既有利于避免重犯历史上的错误，也对维护党内的团结发挥了积极作用。

周恩来与党史学习

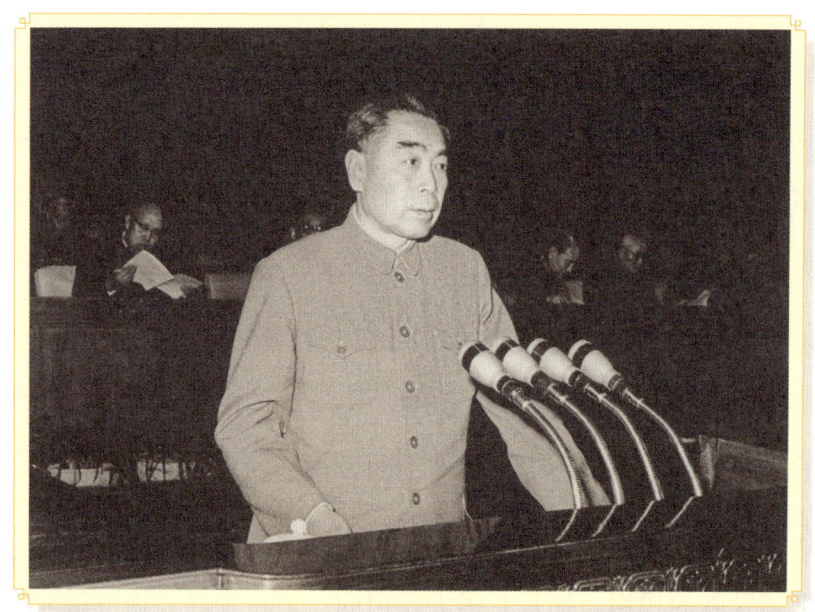

周恩来

周恩来重视党史，对党的历史有着深刻认识和研究。在党的领导人中，他第一次提到了"党史"一词。同时，周恩来又不是躲进书斋里研究党史的，他之重视党史，在于汲取经验教训，更好地推进革命和建设事业。从周恩来关于党史的论述中，我们能体会到鲜明的实践指向，感受到鲜明的知行合一特点。

第一次提到"党史"一词

中国有着悠久的历史文明，向来重视治史。司马迁在《报任安书》中提出的"究天人之际，通古今之变，成一家之言"，是他写作《史记》的目标追求，也成为后人治史的遵循。国家有国家的历史，政党也有政党的历史。周恩来作为中国共产党早期领导人，党的第一代中央领导集体的重要成员，对于党史十分重视。

查现有资料，周恩来第一提到"党史"这个词，而且可能也是中共早期文献中最早提出"党史"一词，是1924年6月1日在《再论中国共产主义者之加入国民党问题——答胡瑞图、吴樵甫、威重三君》这篇文章中。只不过，周恩来所讲的并非中国共产党的党史，而是英国、美国、土耳其等国共产党的历史，也可以说是泛指世界各国共产党的历史。当然，其最终用意还是来讲中国共产党。

担任黄埔军校政治部主任时的周恩来

为什么要写这篇文章呢？它是针对当时的国家主义派人物胡瑞图、吴樵甫、咸重三人攻击中国共产党加入国民党问题写的反驳文章。

为了反抗帝国主义和北洋军阀，推动国民革命发展，中国共产党在共产国际支持下积极推进国共联合战线的建立。1923年6月中国共产党第三次全国代表大会决定采取共产党员以个人身份加入国民党的方式实现国共合作。1924年1月，中国国民党第一次全国代表大会确立了联俄、联共、扶助农工的三大政策，标志着国民党改组的完成和第一次国共合作的正式形成。

中共三大会址

但是，国民党内部对于国共合作的认识并不一致，特别是国民党右派一些人，从一开始就反对共产党加入到国民党中，认为这是要消灭

国民党。为此,他们多次发表文章和讲话,攻击共产党和国共合作。其中,1924年旅欧学生中的国家主义派机关刊物《先声报》第33、34、36期,先后刊登胡瑞图、吴樵甫、威重三人所写的文章。周恩来于是写了此文予以公开答辩。

《赤光》第四十八期,六月号

当时,旅居欧洲的周恩来担任着国民党旅欧支部代理执行部部长的职务,主持国民党旅欧支部的工作。对于国共合作,周恩来有着比较深刻的认识。1924年2月1日，在他主持的中共旅欧组织和旅欧青年团合办的机关刊物《赤光》创刊号上就提出"我们所认定的唯一目标便是：反军阀政府的国民联合，反帝国主义的国际联合。"肯定国共合作反对共同的敌人。同时，他为推动国共合作做了大量工作，国民党旅欧支部的成立就有他很大的功劳。国家主义派是当时旅法勤工俭学学生中共产主义者论战的主要对象，他们标榜国家至上，反对阶级斗争，破坏国共合作，反对建立统一战线。周恩来曾在《赤光》杂志上发表多篇文章予以批驳。

在《再论中国共产主义者之加入国民党问题》这篇文章中，周恩来驳斥了国家主义派对共产党与国民党合作，建立革命统一战线的种种污蔑，特别是针对其所声称的信仰共产主义的共产党人，不能加入国民党并同国民党合作进行国民革命的谬论，作了精彩回答。周恩来称：

> 不错，我们共产主义者是主张"阶级革命"的，是认定国民革命后还有无产阶级向有产阶级的"阶级革命"的事实存在。但我们现在做的国民革命却是三民主义革命，是无产阶级和有产阶级合作，以推倒当权的封建阶级的"阶级革命"，这何从而说到"国民革命"是"阶级妥协"？且非如此，共产主义革命不能发生，"打破私有制度"、"无产阶级专政"自也不能发生。不走到第一步，何能走到第二步。

在批驳吴樵甫所称"凡有革命性的党派和个人都可联合在同一战线上，但不可混合"，周恩来着眼世界各国共产党的发展历史——

若论党史，则英国共产党人之加入工党，英国工党包含有数个政党，美国共产党人之加入劳动党，土耳其共产党人之加入国民党，何一而非你们所谓的"混合"？樵甫君，请你多知道点这类你所谓"党人史中的笑话"罢。

以事实雄辩地证明，只有国共合作，才能完成国民革命的任务。

此时，周恩来才刚刚26岁，能够放眼世界历史发展而且有如此深刻的认识，既反映了他深厚的马克思主义理论功底，也显示出他的广博学识和历史洞察力。

首次系统地讲党史

周恩来首次系统地讲述党的历史是在1943年春天，当时全党正在深入开展整风教育。

整风运动的目的，主要是通过回顾总结党的历史，解决思想上的分歧，纠正错误认识，进而统一思想，更好地争取革命胜利。1938年秋党的六届六中全会提出了马克思主义在中国具体化的任务，会后在党的高级干部中掀起了学习运动。1941年起，为进一步解决党内矛盾，使党的领导干部及党员群众学会运用马克思主义辨别是非、观察问题、推进工作，中共中央领导全党开展了以理论联系实际、运用批评和自我批评方法为主要内容的马克思主义教育运动，即整风运动。整风运动先是在党的高级干部中进行，然后推广到一般干部和普通党员。高级干部整风的主要方法是通过讨论党的政治路线，总结党的历史经验，消除教条主义和主观主义错误的影响，实事求是地研究、解决中国革命问题。

　　这一时期，担任中共中央南方局书记的周恩来，正作为中共代表身处重庆忙于与国民党的谈判。虽然工作繁忙，但对于中央开展的整风教育周恩来十分重视。1941年9月26日中央作出成立高级学习组的决定后，南方局就成立了以周恩来为组长的25人高级学习组，除了按要求学习相关文件外，他还多次召开中共中央南方局、八路军重庆办事处和新华日报社的党员干部会议，联系自己的斗争经历，系统地讲述党的历史。《关于一九二四至二六年党对国民党的关系》就是其中的代表。

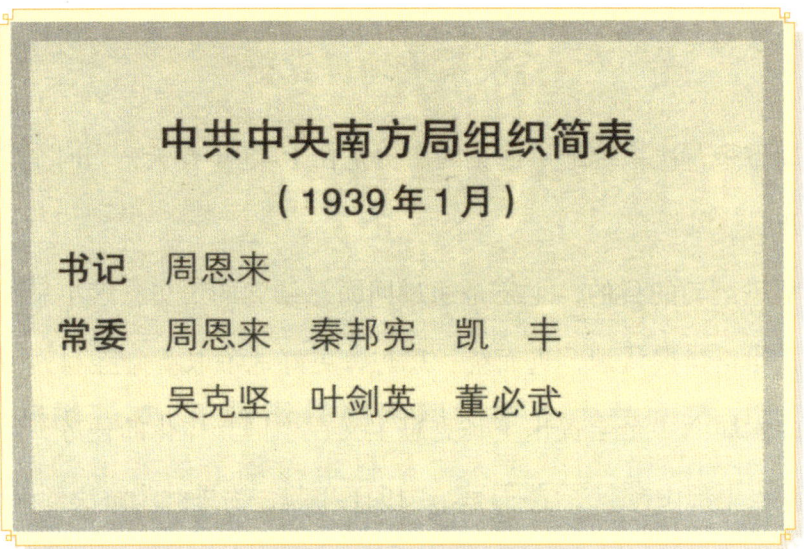

中共中央南方局组织简表

　　其实，对于党的历史，周恩来之前在相关报告和文件中就有所提及和总结，比如1938年8月在延安召开的中央政治局会议上，周恩来的长篇报告中就对两年抗战情况进行了总结，论述了时局的演变过程和阶段性，特别是回顾了统一战线问题；在苏联疗伤期间，周恩来1939

年12月29日向共产国际执委会提交的《中国问题备忘录》中，专门谈了"抗日民族统一战线与国共合作""党的工作与八路军、新四军的工作""中共七大和准备工作"等问题，不乏对党的历史的回顾；1942年2月初，他还向南方局参加整风学习的干部作了学习从党的六大到六届四中全会党的历史的报告。但第一次系统地回顾、研究党的历史并形成文字材料的，还是这篇《关于一九二四至二六年党对国民党的关系》。

周恩来、邓颖超同进步人士合影

为什么要选取1924年至1926年这一时间段呢？《关于一九二四至二六年党对国民党的关系》又主要讲了些什么问题呢？

1924年至1926年，正是第一次国共合作时期。1924年秋天刚从法国回来的周恩来，就投身到大革命斗争洪流中去了，并很快担任了黄埔军官学校的政治部主任，随军参加第一次东征讨伐陈炯明，平定军阀杨希闵、刘震寰叛乱，领导参加省港大罢工，担任第一军政治部主任兼

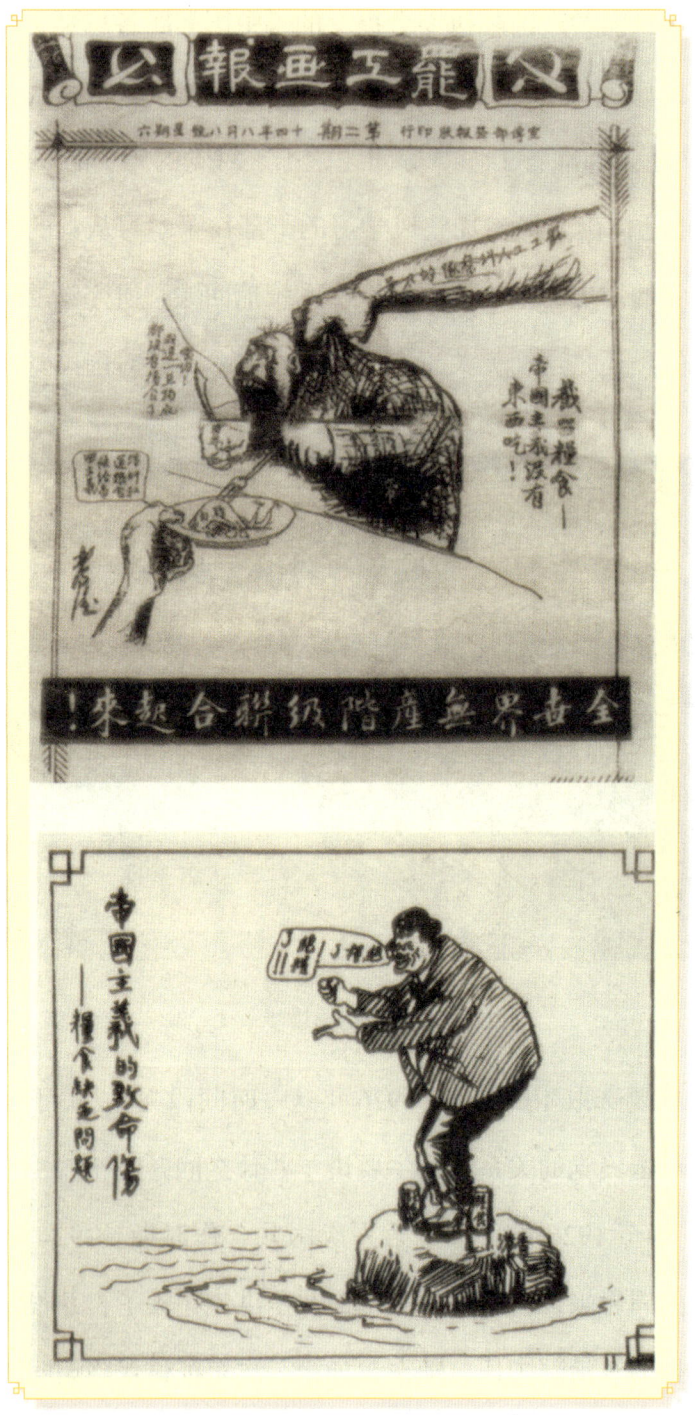

宣传省港大罢工的讽刺画

第一师党代表,作为总政治部主任参与组织第二次东征统一广东,主政东江工作,以及动员北伐等。在各项工作中,周恩来都展现出卓越的领导能力和工作才能,发挥了重要作用。当然,这期间周恩来也经历了廖仲恺遇刺、中山舰事件、整理党务案等一系列国民党右派破坏国共合作和进攻共产党的事件,直到1926年底他奉命离开广东。可以说,周恩来亲身经历了第一次国共合作,见证了这段历史,对其中的得失深有感触。由他来回顾总结这段历史,理所当然。

在这篇文章中,周恩来通过系统回顾第一次国共合作的经过、黄埔军官学校的创办发展历程、国民党内左中右各派情况、第一次东征、国民党第二次全国代表大会情况、中山舰事件、整理党务案、北伐等,比较深入地批判了中共党内以陈独秀为代表的右倾错误,总结了第一次国共合作中的经验教训。

黄埔军校校门

特别是中国共产党对国民党的"三次大让步",周恩来作了深刻揭示:第一次是对于国民党第二次全国代表大会的选举,"三十六个执委中,共产党只有七个,比我们原来计划的少了将近一半。国民党左派连朱培德、谭延闿等算在内一共才十四人;右派、中派却有十五人。右派孙科、戴季陶、胡汉民、伍朝枢、萧佛成等都当选了。在监委中,右派更是占了绝对优势。国民党的中央执委、监委是常常合在一起开会的,所以结果成了右派势力大,中派壮胆,左派孤立的形势。这是陈独秀右倾机会主义对国民党右派、中派的第一次大让步。这是政治上的大让步。"

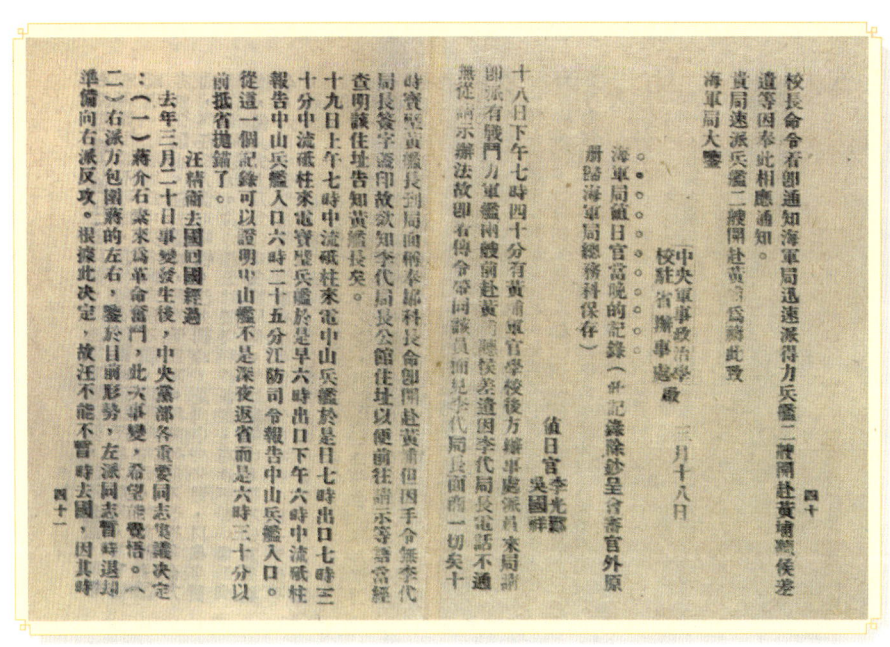

中山舰事件相关文件

第二次是中山舰事件,"采取了继续退让的政策,不了解蒋介石这时还没有足够的力量,他是不敢分裂的,却以为蒋介石是要分裂,就向蒋介石说这是误会。蒋介石于是乘机立刻放了人,表示误会。这是陈独秀右倾机会主义第二次向蒋介石的大让步。这是军事上的大让步。"

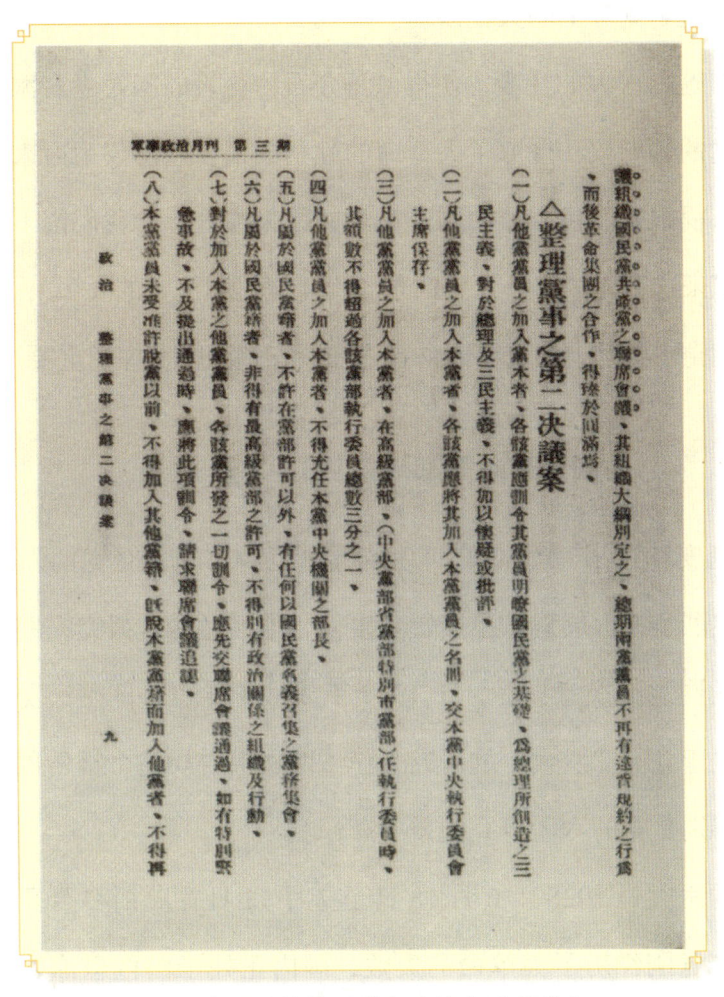

国民党通过的整理党务决议案(部分)

第三次是整理党务案,"党中央仍采取机会主义的政策,并且派了彭述之、张国焘来指导二中全会的中共党团。在党团会上,讨论了接不接受整理党务案。彭述之引经据典地证明不能接受。问他不接受又怎么办?他一点办法也没有,只说大家讨论好了。但当有人提出意见时,他又引经据典地说这个不行，那个错误。如此讨论了七天，毫无结果。后来张国焘用了非常不正派的办法要大家签字接受。这样，又作了第三次大让步。这是党务上的大让步。"

经过这三次大的让步，使得以蒋介石为代表的国民党右派势力掌握了国民党的领导权，攫取了大革命的胜利成果。这不仅为后来大革命的失败埋下祸根，而且招致中国共产党的巨大损失，给我们留下了深刻教训。周恩来这篇《关于一九二四至二六年党对国民党的关系》，也成为我们党早期党史研究中的重要成果，并在延安整风中发挥了重要作用。

中共党史研究中的重要著作

在延安整风第三个阶段即总结历史经验期间，对党的六大的看法出现了热烈争论。周恩来不能置身事外，他经过深入研究，并和当年参加六大的同志交换意见后，于1944年3月3日和4日在延安的中央党校就《关于党的"六大"的研究》作了两次报告。这个报告也成为中共党史、特别是党的六大研究的重要著作。

党的六大是1928年6月18日至7月11日在莫斯科召开的，当时中国共产党刚经历了大革命的失败，国内正处于白色恐怖之中，党内亟需对社会形势、社会性质，革命的性质、对象、动力、前途等中国革命的基本问题作出正确分析，以推动革命继续开展。在中国革命性质问题的认识上，得到了斯大林、布哈林等苏联和共产国际主要领导人的指导，认识到中国革命仍然是资产阶级民主革命，中国革命形势不是高潮而是两个革命高潮之间的低潮，这对于中共六大的成功召开具有重要指

中共六大会址

导意义。党的六大总结了大革命失败以来的经验教训,对有关中国革命的一系列根本性问题作出了基本正确的回答,指明中国社会性质是半殖民地半封建社会,中国革命的性质是资产阶级民主革命,强调了革命处于低潮,党的总路线是争取群众,积蓄力量。总的来说,党的六大的路线基本上是正确的,对于统一思想、克服"左"倾错误,实现工作转变,对中国革命的复兴和发展等,起到了积极作用;但在中国社会的阶级关系、党的工作重心、革命的长期性、党员成分的无产阶级化等问题上,还存在错误认识。周恩来作为大会秘书长,对于推动会议的顺利召开发挥了重要作用。在大会的10个委员会中,他参加了7个,并作为组织委员会和军事委员会的召集人，在会上作了组织报告和军事报告，周恩来的工作能力给人们留下深刻印象。在六届一中全会上，周恩来被选为中央政治局委员并当选中央政治局常委，负责党的组织工作和军事工作，兼任中央政治局常委会秘书长和中央组织部部长。由于六大选举的中央政治局主席兼中央常委主席向忠发的思想水平和工作能力难以胜任工作需要，再加上其他常委的变化，1928年11月9日的常委会决定，新中央的工作计划由周恩来起草提出。在这以后的很长一段时间内，周恩来实际上是中共中央的主要负责人。

党的六大以后到抗日战争时期，中国革命经历了一系列风云激荡、惊心动魄的变革，党的历史上的三次"左"倾错误有两次发生在这一时期，经历了中国革命根据地的创立、发展和受挫，经历了二万五千里长征的战略转移，经历了西安事变和抗日民族统一战线的建立。风雨沧桑中既有值得总结的经验更有深刻汲取的教训，这些都需要认真梳理、总结。特别是通过回顾党的历史路线问题解决思想认识上的矛盾、加强党的建设，更是势在必行。所以，整风运动中高级干部整风的内容和重点就是以讨论党的政治路线为主，消除错误思想，学会运用马克思列宁主义的立场、观点、方法，研究和解决中国革命的实际问题。基于王明教条主义的干扰，1941年9月中央政治局会议决定党的高级干部要研究马克思列宁主义的思想方法和党的历史，提高理论水平。会议期间成立的以毛泽东为组长的中央学习研究组，重点就是总结党的历史经验；在延安和各根据地成立的高级学习组中，学习的内容主要是阅读六大以来党的历史文件，研究六大以来的历史。为此，在毛泽东领导下，中央书记处还专门编辑了《六大以来》这部"党书",作为学习文件。

由于周恩来在党的六大中的重要地位和作用,1941年12月30日,毛泽东、王稼祥联名致电周恩来,指导他领导的南方局整风学习时强调:学习中共党史请先从讨论六大以来的文件入手。其后,1942年2月初,周恩来向南方局参加整风学习的干部作学习从党的六大到六届四中全会党的历史的报告。这些,为周恩来系统研究党的六大问题奠定了基础。

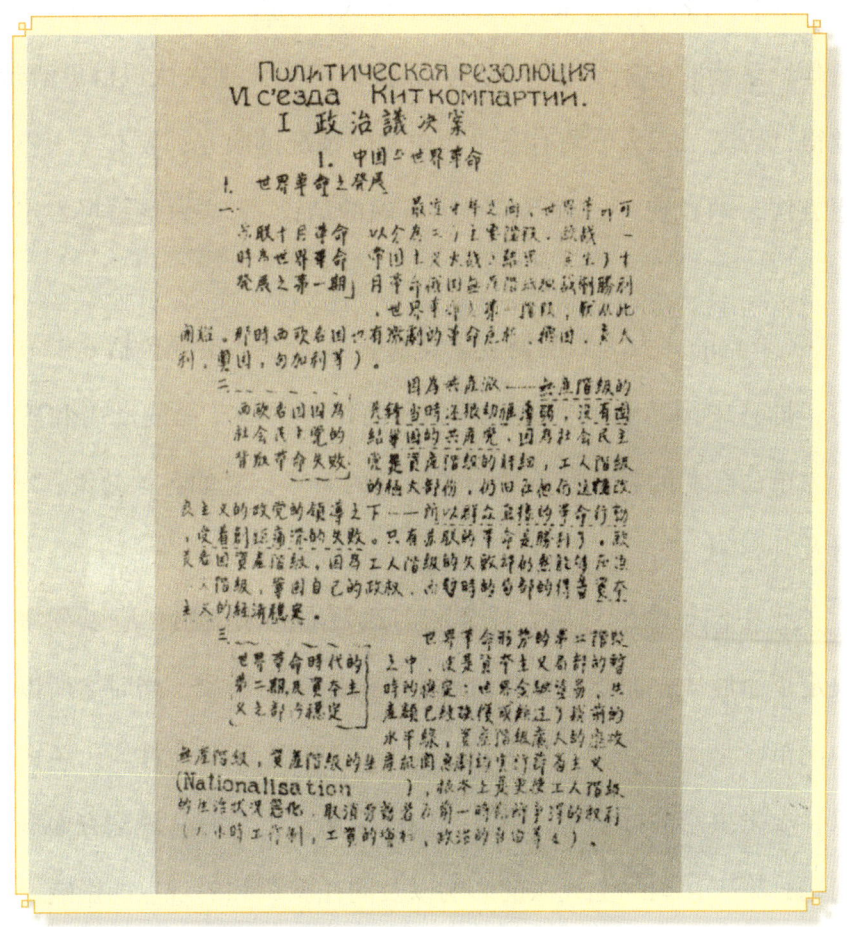

中共六大通过的政治决议案(部分)

1944年2月24日，中共中央书记处会议讨论党的历史问题，统一了五个方面的认识。其中关于党的六大，会议指出：党的六大的基本方针是正确的，六大是起了进步作用的。根据中央书记处的这一精神，周恩来进一步收集资料、深入研究，形成了《关于党的"六大"的研究》。

周恩来在报告中开篇就说："在学习大革命时期的文件中，大家对党的第六次全国代表大会的看法有很多争论，而且争论得很热烈。这是启发思想的一种争论。党内思想从来没有象今天这样解放。这是毛泽东同志领导整风学习的结果，是思想上很大的进步。""我参加了'六大'的工作，是当时的主要负责人之一，按理应当比别人认识得更清楚些。我觉得，研究'六大'要有合乎历史实际情况的眼光，要有今天整风的思想方法，两者缺一，就不能得出正确的结论。"这为整篇报告定下了基调。

《关于党的"六大"的研究》全文近2万字，主要包括6个方面的内容，即：中国革命的性质、任务和前途；中国革命的动力和阶级关系；大革命经验的教训；革命形势和党的策略；党的各项政策；"六大"本身及其影响。

关于中国革命的性质、任务和前途，周恩来指出：应以革命任务来决定革命性质，而不是以革命动力来决定革命性质。当时之所以搞不清中国革命是民主革命，是因为：第一，对什么叫革命性质，革命性质是以什么来决定的搞不清；第二，中国党历史上没有从理论方面搞清这个问题；第三，国际上托派的影响以及同托派调和的观点的影响。党的六大正确地解决了这些问题。革命任务，是反帝反封建，建立工农民主专政。关于非资本主义前途的问题,现在无产阶级领导的资产阶级民主革命将来转变到社会主义革命的问题,至于怎样转变,要看我们将来力量是否占优势和革命发展的程度而定,不能犯急性病。

延安时期的中共中央党校

关于中国革命的动力和阶级关系,周恩来指出:革命的力量主要依靠工农。六大把资产阶级算成反革命,但没有主张消灭资本主义。主要依靠工农,这是对的。但六大对城市小资产阶级的认识是不清的,虽然承认城市小资产阶级的革命作用,在动力上又认为只有工农,小资产阶级被除掉了,把当时某些上层小资产阶级分子参加资产阶级反对派,误认为全体小资产阶级背叛革命,因而在策略观点上错误了。大革命时是四个革命阶级(无产阶级,农民,小资产阶级,民族资产阶级)。在新民主主义革命阶段中,这四者有区别:无产阶级是领导阶级;工农是基本的革命力量;小资产阶级有动摇性;资产阶级有两重性,有时参加革命,有时反对革命。在阶级关系的分析上,过去我们的缺点:一是公式化，一是定型化。

关于大革的经验教训，周恩来指出：六大把一些基本问题提出来了，做了结论，但研究不够。对机会主义，指出了它是大革命失败的主要原因之一，但没有抓住要点。对八七会议，指出了它的成功与成绩，但在缺点认识上有不足，八七会议的主要缺点一是指出了要以起义来反对国民党的白色恐怖，但到底怎样具体办，没有明确地指出，以作为全党的方向；二是在党内斗争上造成了不良倾向，犯了惩办主义的错误。对一九二七年十一月中央扩大会议，错误方面多于正确方面，主要错误一是认为中国革命是"不断革命"，一直发展下去没有间断地达到社会主义；二是对革命形势的估计认为是一直高涨上去；三是认为革命的方针是全国总暴动。对于南昌起义，总结不够。南昌起义的主要错误是没有采取就地革命的方针。对于秋收起义，有些地方失败了，原因是由于当时中央领导上还有盲动主义的错误。对于广州起义，是广州工人与革命军人联合起来的英勇尝试，是大革命失败后退兵时的一战。如果实行有计划的退却，可以保持更大的革命力量，可以保存更多的干部。总的来说，中国党在策略的运用上所犯的错误是：在革命处于高潮应当进攻的时候，不善于进攻；在革命处于低潮应当退却的时候，不善于退却。

关于革命形势和党的策略，周恩来指出：六大指出当时中国革命的形势是处在两个高潮之间，农民斗争将成为新的高潮的重要组成部分的预见是对的。六大的争取群众、准备起义的基本策略方针是对的。六大"左"的错误，首先是对于革命高潮与低潮有几个问题一直是模糊的：一是对革命高潮的客观条件与主观力量区分不清楚，不知道主观的群众运动对促成革命高潮到来的作用；二是没有把革命高潮与直接革命形势区分清楚；三是没有把局部的高潮与全面的高潮区分清楚。其次是在策略方针问题上，也有几点是模糊的：一是虽然当时决定了我们是退却，争取群众，但对于高潮是进攻，低潮是退却，并没有斩钉截铁地分别开来；二是没有弄清在总的退却中，还可以在局部的地方举行进攻与攻势防御；三是没有弄清在进攻中也有退却。

关于党的各项政策，周恩来指出：六大对党的各项政策，大体上有了规定，但以现在的眼光来看，这些政策是缺乏策略观点的，深入地研究实际情况与群众观点非常不够，最明显的是不重视农村武装割据，搞军队和政权。其次是关于建党问题，即当时是如何把公开半公开的党转为地下秘密党，而在游击区域是如何以武装来建党的问题。六大没有认识到党在白区应以积蓄力量为总的方针。关于工人运动，当时提出争取工人阶级的大多数是对的，可是对如何去争取没有作明确的规定，后来决定以组织赤色工会为主，这是错误的。关于农民运动，六大确立的没收地主阶级的一切土地，只分给贫苦的农民的原则，对斗争是不利的。关于苏维埃问题，是抄袭苏联的经验，看重城市苏维埃，仍是教条主义的。关于反帝反军阀斗争，六大把他们看成铁板一块，没能看重利用敌人之间的矛盾来发展我们的力量。对其他党派的政策，也没有加以区别，把他们一律看成敌人。关于军事运动，当时对这一工作的重视是非常不够的，而且把白军工作完全放在士兵当中也是一个偏向。

关于六大本身及其影响，周恩来着重分析了共产国际对六大的影响、代表成分问题、大会时间等，并作了比较客观的分析。

最后他总结说：六大关于革命的性质、动力、前途、形势和策略方针等问题的决定基本上是对的，所以六大的路线基本上是对的。但错误的方面也不少，主要是：一、不认识中国革命的特点是农民斗争与武装割据，中国革命的中心问题是农民土地问题。二、不认识中国阶级关系变化的复杂性，没有把策略观点着重放在争取中间阶级上。三、不认识革命形势发展的不平衡性，因而没有重视农村工作与建党工作，虽然当时还不可能产生乡村包围城市的观点。四、没有更认真地总结过去的经验教训，从而认识武装的重要，以武装建党、建政、做群众工作。

周恩来《关于党的"六大"的研究》，回答了干部学习中争论的一些重要问题，对六大的历史功过作了科学的评价，对于总结党的历史经验、在六届七中全会上对党的若干历史问题作出正式结论奠定了思想认识基础，也成为关于党的六大研究的重要著作。

"在毛泽东的旗帜下前进"

周恩来和毛泽东是我们党的第一代中央领导集体中配合默契的领袖。中共党史研究专家金冲及指出，毛泽东和周恩来，这两个人是不可分离的。一如历史上常常两人并称的"洪杨"（洪秀全、杨秀清）、康梁（康有为、梁启超）、"孙黄"（孙中山、黄兴）等一样，毛泽东和周恩来也是相互依存相互补充，共同把事业推向前进。如果没有毛泽东，周恩来也不能成为今天我们看到的周恩来。而对毛泽东来说,他最离不开的人是周恩来,这也是事实。

周恩来在党的七大作报告

据考证,周恩来1924年9月从法国回到广州后不久,就与毛泽东相识并开启了他们两人跨越半个多世纪的合作共事之旅。他们共同经历了大革命、土地革命、抗日战争、解放战争,领导建立了新中国并进行了社会主义革命和建设事业的探索。在此进程中,周恩来逐渐领略到毛泽东的雄才大略、领袖才能,进而自觉主动地服膺毛泽东的领导。

比如,1943年周恩来从重庆回到延安,在欢迎会上的演说中讲:"我们党二十二年的历史证明：毛泽东同志的意见，是贯串着整个党的历史时期，发展成为一条马列主义中国化，也就是中国共产主义的路线！"强调"毛泽东同志的方向，就是中国共产党的方向！""毛泽东同志的路线，就是中国的布尔什维克的路线！"1945年4月23日，在党的七大开幕式上的演说中，周恩来指出："24年来，我们依靠了什么力量锻炼成的呢？……最主要的，我们还是依靠了我党领袖毛泽东同志的英明领导。他指示了我们以新民主主义的方向，他教育了我们以中国马克思主义的思想和学说，他领导了我们经过中国革命三个历史时期，创造了伟大的革命力量，经历了无数次革命斗争，克服了无数次艰难困苦，达到了今天的初步胜利。"

时间到了1949年，我们党即将迎来解放战争的全国胜利和新中国的成立，回首党的革命历程，周恩来更是由衷地认同毛泽东的伟大。所以在5月7日出席中华全国青年第一次代表大会时，他专门作了《全国青年团结起来，在毛泽东的旗帜下前进！》的报告。这个报告的第三部分，就是经过整理后收录《周恩来选集》中的《学习毛泽东》一文。

在《学习毛泽东》中，周恩来提出，之所以要号召青年学习毛泽东，是因为"中国人民的大革命已经走向全国胜利，我们青年要加紧参加建设新中国的事业。我们必须有一个大家共同承认的领袖，这样的领袖能够带着我们前进"。而中国"三十年革命运动的实践使中国人民有了自己的领袖，这就是毛泽东"。

接下来，周恩来主要讲了两个方面的问题，即：毛泽东如何值得我们尊敬？我们如何向毛泽东学习？

1949年出版的《中华全国青年第一次代表大会会刊》

关于第一个问题，周恩来指出，毛泽东之所以值得我们尊敬、学习，在于他是在中国的土壤中生长出来的伟大人物。周恩来以毛泽东的成长经历、读书学习、研究解决问题等三个方面的情况为例，说明毛泽东"也是封建社会农民家庭出身的一个孩子，也曾经迷信过，也曾经读过古书，也曾经研究问题开始只注重一个方面"。他之所以伟大，在于他能够从迷信中觉悟出来，否定旧的东西；在于他敢于承认旧的过去。再者，毛泽东之所以值得我们尊敬、学习，还因为他是最能坚持原则又最能灵活运用的领袖。周恩来以大革命、土地革命、抗日战争、解放战争四个阶段的事例说明，毛泽东的方向就是中国人民正确的方向。

与之相对应，对于第二个问题即如何学习毛泽东，周恩来指出，学习毛泽东不是一个简单的口号，而是有极其丰富的内容的，"决不要把毛泽东看成一个偶然的、天生的、神秘的、无法学习的领袖"，不能把毛泽东当成一个"孤立的神"。

首先，学习毛泽东必须全面地学习，从他的历史发展来学习。要看到毛泽东是从人民当中生长出来的，是跟中国人民血肉相联的，是跟中国的大地、中国的社会密切相关的，是从中国近百年来和五四以来的革命运动、革命历史的经验教训中产生的人民领袖。不要只看今天的成就伟大而不看历史的发展。

其次，要学习毛泽东的坚持原则：一是学习他坚持方向，二是学习他实现方向。周恩来指出，方向的实现，要在群众中实现。要实现原则，就要使它具体化，使它能得到多数人的同意，多数人来执行。毛泽东不仅能指出原则，而且还制定具体的政策、策略来实现这个原则。他以毛泽东的《湖南农民运动考察报告》、古田会议决议、抗日民族统一战线、土地改革政策等为例，指出毛泽东每个历史时期的政策都是适合这个时期的。强调毛泽东不但能够坚持真理，指示方向，而且还拟定了许多具体政策、策略来贯彻这个真理、原则。他不是空谈真理，而是使真理和实践相结合，使它具体化。所以青年人学习毛泽东，不仅要懂得他指示的方向、原则、真理，还要研究他的具体的政策、策略，才能使工作深入实际。

第三，在学习毛泽东使普遍真理具体化实现在中国土壤上的时候，还要学习他善于做思想教育的方法。要有很大的坚持性、忍耐性，不屈不挠地把革命推向前进，直到最后的胜利。

第四，要学习毛泽东在提出原则时总是照顾大多数、为着大多数人民利益的思想。周恩来指出，毛泽东不仅是中国共产党的领袖，也是全国人民的领袖。毛泽东在争取中国革命胜利的过程中，根本的着眼点是把无产阶级的马克思主义思想运用到中国，争取最广大的人民团结在无产阶级周围来取得革命的胜利，而不是把自己缩小到最小的圈子里来空谈革命。为把最反动的敌人消灭，需要集合一切可能集合的力量。他指出："毛主席对我们共产党的许多干部谈：你们每天写日记不要写别的，就只写一句'团结百分之九十'就行了。""争取大多数，为着共同事业奋斗，消灭反动统治，这一政策的运用，是我们最大的成就。"

第五，要学习毛泽东日夜不息地学习的精神。周恩来指出，毛泽东日夜不息地学习，从来也没有感到满足过，他常常说这方面不会还要学习，那方面不会还要学习。而毛泽东的学习态度，是最老实的，是则是，非则非，坚持实事求是。他最反对骄傲反对急躁；他的作风是谦虚而又谨慎的。所以要学习毛泽东实事求是的精神，在态度、作风上，也就应该老实，不要沾染浮泛与骄傲急躁的习气。要排除急躁、骄傲、气馁、灰心、丧气，老老实实、实事求是、脚踏实地，稳步而又勇敢地前进。

总结起来，周恩来强调，青年学习毛泽东，就一定要做到：结合中国的实际，做许多艰苦的具体工作，不屈不挠地前进，长期地奋斗，努力争取大多数的人民，争取大多数的青年群众跟着我们走，实现我们全国人民的民主解放和民族独立，建设一个新民主主义的新中国，并且为世界的持久和平而奋斗。

艺术性地开展党史教育

如果要说党的第一代中央领导集体中谁最懂艺术？那必定非周恩来莫属。他不仅有着高深的艺术造诣，而且真心热爱艺术、懂得艺术，艺术界的各个领域都有他的朋友，而且情谊深厚。据周恩来的侄女周秉德回忆，周恩来曾说：巴金写了长篇小说《家》，等我退休后，我要写一篇小说《房》。他还说："以后我要退休了，我就去演戏，谁说总理退休不能演戏？我就要开创一个！"就连要演的角色，他都选定了，那就是电影《家》里的"三少爷"。事实上，周恩来也真的演过戏，在南开的时候参加《一元钱》的演出，他男扮女装饰演了戏剧里的孙慧娟，而且反响很好。

参加革命以后，周恩来不仅直接领导革命斗争，还善于以笔为枪，团结争取文艺界人士共同反抗日本帝国主义的侵略和国民党的残暴统治。在重庆期间，他就指导排演了郭沫若的新编历史剧《屈原》，借以抨击国民党的消极抗战，揭露国统区的黑暗现实，发挥了打击敌人、教育人民的作用。新中国成立后，周恩来依然十分重视文艺在新中国建设中的作用，在《雷雨》《茶馆》《骆驼祥子》《龙须沟》等经典话剧的排演中，都曾得到他的倾心指导。当然，这时作为共和国总理的周恩来，在追求艺术性的同时，更加重视内容和题材的革命性，特别是对党艰辛而光荣的革命历史的反应。其中，《东方红》就深刻体现了周恩来对党的革命历史的艺术展现思想，堪称"总导演"。

事实上，周恩来指导的《东方红》，包括两种艺术形式：一是大型歌舞《东方红》，一是电影《东方红》。二者在时间上有承续性，但在艺术追求和对党的革命历史的生动展现上，则是始终如一的。

说起来，大型歌舞的排演是周恩来长久以来的心愿。在20世纪60年代，他几次提出歌舞方面没能跟上国家发展的需要，认为新中国成立初期看大秧歌还可以接受，但一直保持那样的水平，就不行了。大型歌舞《东方红》的排演，是周恩来1964年7月13日在上海观看了音乐舞蹈史诗《在毛泽东旗帜下高歌猛进》后受启发提出的。这部表现共产党领导我国人民进行革命斗争、夺取政权、建设社会主义的大型歌舞，由上海的专业乐团、合唱团、歌剧院，以及音乐、舞蹈、戏剧院校与部分业余合唱团、童声合唱团共2000余人参加演出。

从上海一回到北京，周恩来就找来周扬及文化部、总政文化部有关负责人，谈了他关于在国庆15周年之际排演一部大型歌、舞、诗相结合的史诗性作品，完整地反映中国共产党光辉历程的设想。接着，他在国务院各部党组书记会议上说："有这么一个想法，就是最好在15周年国庆，把我们革命的发展，从党的诞生起，通过艺术表演，逐步地表现出来。"

对于工作，周恩来向来善始善终，一抓到底。7月30日，他又听取文艺界有关负责汇报相关设想的准备情况，提出：争取按计划完成，但考虑到创作上的困难，万一10月1日赶不出来，也不要紧，等于对我们大家进行了一次革命传统教育，一次党史教育。可见，周恩来的目的很明确，就是艺术性地开展党史教育。为此，在会上他还决定由中宣部、解放军总政治部、文化部等方面组成领导小组，作为抓具体工作的"指挥部"。

过了一天，他对周扬《关于国庆期间演出大型歌舞"东方红"问题的请示》报告批示同意，并定出相关原则，特意指出：全力争取搞好，并在国庆节上演；如届时还搞不好，或新排时有大缺点来不及改正，就推迟上演，以现代京剧代替。

此后，周恩来倾注了大量心血用于大型音乐舞蹈史诗《东方红》的排演，他亲自确定了史诗的主题，审定了重要情节，审改了朗诵词。9月中下旬，周恩来多次审查排演并约谈相关人员，强调要以毛泽东《在延安文艺座谈会上的讲话》为指导，突出表现毛泽东思想，努力做到政治和艺术的统一、内容和形式的统一；在形式上要采用新鲜活泼、为老百姓所喜闻乐见的中国作风和中国气派；在呈现手法上要采用史诗的写法，既是粗线条的，又要很深刻，能打动人；在创作上要打破框框，敢于标新立异；在艺术风格和艺术手法上要多样化，要把革命现实主义和革命浪漫主义结合起来，不仅要教育人，还要能使人得到艺术享受，等等。对于内容，周恩来指出，内容选择和情节安排要围绕正确表现党的建设、武装斗争、统一战线这三个法宝及其相互关系展开。在谈到如何表现北伐战争、土地革命战争、抗日战争、解放战争、抗美援朝战争等武装斗争时，周恩来说：这五个阶段各有不同特点，标志着中国革命发展的不同阶段。只有把握了这五个阶段的不同特点，艺术表现上才会有特色。对于历史细节，周恩来也十分注重真实性。比如在表现红军长征时，周恩来要求一、二、四方面军都要有。

在周恩来的"总导演"下，1964年10月2日，大型音乐舞蹈史诗《东方红》在人民大会堂首演成功，此后连演14场，到16日结束，引起了极大轰动。毛泽东于10月6日在出席了中国人民解放军总政治部为庆祝中华人民共和国成立15周年举办的晚会后，同驻京陆海空军、人民公安部队官兵一起观看了大型音乐舞蹈史诗《东方红》；10月16日他又和刘少奇等在人民大会堂接见参加《东方红》创作和演出的全体人员，并向大家宣布我国第一颗原子弹爆炸成功的喜讯。

1964年出版的《音乐舞蹈史诗东方红歌曲集》

10月23日，周恩来在大型歌舞《东方红》演出人员扩大会议上，对7000多人专门作报告，系统总结《东方红》的创作、排演、演出。在报告中，周恩来就我们党的革命历史进行了系统梳理，要求在表演中突出表现取得革命胜利的三个法宝——统一战线、武装斗争和党的建设。他说：我们不仅看到1949年以前这三个法宝起了决定性作用，建国以后依然如此。在讲到党的三大作风时说：一个党，如果不是联系群众的党，那这个党是没有生命力的，没有革命力量源泉的，光有个人的英勇，不能解决问题，一定要联系广大的群众。在群众中生了根的党，才是有领导力的党，才能产生出具有智慧和思想能力的领袖。一个党如果不实行批评和自我批评，这个党是不能领导革命胜利的。在讲到党要有铁的纪律时说：最重要的一点，就是要有坚持革命、团结对敌的精神。只要这个基本立场不变，即使党的领导一时有错误，还要等待，逐步地改变。他还强调，遵义会议是毛泽东在惊涛骇浪中扭转了船舵，纠正了方向，是一个伟大的转折点，要使它突出出来。周恩来说：我们党是在漫长曲折而又复杂的道路上走过来的，你们经过学习，从中得到一种精神，在表演中要把这种精神表现出来。文艺工作者要实现文艺上的革命化、民族化、群众化，首先要把自己锻炼成为一个革命派。

为了更大范围、更好地发挥《东方红》的党史教育作用，也正是在10月16日夜，周恩来又约文艺界有关人士谈话，倡议把大型音乐歌舞《东方红》拍成电影。根据周恩来的建议，大歌舞指挥部扩大和调整了领导小组成员，专门成立了《东方红》电影导演团，筹备电影拍摄工作。像排演大型歌舞《东方红》一样，周恩来又全程参加指导了电影

《东方红》的拍摄工作。

12月,周恩来约请参加人大和政协会议的电影艺术家和《东方红》导演团成员在人民大会堂,就如何拍好电影进行座谈。针对座谈会上江青的刁难和指责,周恩来不为所动,坚持把电影《东方红》拍好。在座谈会上,周恩来说,《东方红》电影一定要搞好,只能比舞台演出有改进和提高,不能落后。

为此,1965年1月8日,周恩来再次召集导演团成员座谈,并发表了重要讲话。这篇讲话就是后来经过节选收录《周恩来文化文选》中的《关于电影〈东方红〉拍摄的几点意见》。

在《关于电影〈东方红〉拍摄的几点意见》中,周恩来讲了三个方面的问题:指导方针、《东方红》的内容和电影的拍摄。

关于指导方针,周恩来明确指出,"我们创作《东方红》,总的指导方针是学习和传播毛泽东思想。"周恩来十分重视《东方红》的党史教育功能,他说:舞台演出是学习和传播,拍电影是更进一步的学习和传播。结合大型歌舞《东方红》的排演,周恩来指出,"这次搞大歌舞,我虽然没有用多少脑子,但也是一次学习。我是跟着这段历史长大的,所以我有感受。能帮助你们提些意见。我给大家做过一次党史报告,讲了中国革命的三大法宝,每讲一次就是一次学习,每次都感到自己的不足。"周恩来还明确指出电影《东方红》要集中反映民主革命阶段,即从中国共产党诞生到1949年新中国成立。他说:从旧民主主义革命到新民主主义革命,从生长到胜利,是毛泽东思想的胜利,是毛主席创造性地发展了马列主义,具体表现在28年的斗争历史中。前面有个序,之后，党的诞生是个关键。再后，秋收起义到井冈山、遵义会议、到敌人后方去、埋葬蒋家王朝、中国人民站起来了等，是这段历史的几个关键。

围绕着学习和传播毛泽东思想这一指导方针，周恩来强调了几条原则：一是再创作的问题，要用革命的现实主义和革命的浪漫主义相结合的方法把史诗搬上银幕，要升华、提高，不要急于赶任务，不要怕再三再四地修改，要集思广益；二是要标新立异，标社会主义之新、立无产阶级之异，要打破各种框框；三是走群众路线，提倡民主，提倡创作上的三结合，创造出新的东西；四是组织和实践问题，原领导小组要扩大，多吸收些舞蹈、音乐、导演、摄影、灯光、美工等方面的人参加，要通过试验，大会堂、摄影棚、远景、近景都试试；五是政治挂帅，组织领导以八一厂为主，政治领导要加强，艺术领导要统一。

关于《东方红》的内容，周恩来谈到大型歌舞《东方红》中艰苦生活表现不够的情况时说，没有伏就没有起，电影要解决这个问题，否则就不打动人。他强调表情动作要统一，刻划要深刻，还有许多场要加工，如"大革命"要表现出"揩干净身上的血迹，掩埋好同伴的尸首"同反动派和机会主义作斗争的英雄气概；"井冈山"要体现毛主席关于武装斗争、建立农村革命根据地、以农村包围城市的伟大思想；"遵义会议"群众情绪的反映要深化；"长征"要把艰苦斗争强调出来；"抗日战争"要把抗日民族统一战线的大发展表现出来，等等。总的来说，电影《东方红》要贯彻一条红线，就是毛泽东思想，就是党的领导、武装斗争、统一战线三大法宝。

关于电影的拍摄，周恩来强调，要有各方面的人参加讨论，一次不行，还可以再拍。要求可以高，但不能求全，那样就搞不成了。《东方红》像带着缺点演出一样，也一定会带着缺点上银幕。最后，周恩来特别指出：我们做的是人民的事业。

在周恩来的亲自指导下，到了1965年国庆节，电影《东方红》终于拍摄并公演，观众在获得美的艺术享受的同时，也接受了丰富生动的党史教育。

伍豪事件——萦绕心头的历史旧事

自从确立了对马克思主义的信仰，加入中国共产党并投身于革命和建设事业，周恩来就坚定了自己的选择，始终不渝。他曾说，"我认的主义一定是不变了，并且很坚决地要为他宣传奔走。"但革命时期的一件历史旧事却成为一片挥之不去的阴影，始终萦绕在晚年周恩来的心头，那就是"伍豪事件"。这是怎么回事呢？

解答这个问题，首先要明白"伍豪"的由来。1919年9月天津进步青年团体觉悟社成立后，创办刊物《觉悟》，要求觉悟社成员撰写文章。并决定社员用抽签的办法，抽取代表各人的号码，在发表文章的时候代替姓名。比如，邓颖超抽取的代号是一号，她就取了谐音"逸豪"的名字；觉悟社的发起人之一谌志笃抽取的代号是五零，就取了谐音"武陵"的名字。而周恩来抽取的代号是五号，所以他就取了谐音"伍豪"的名字。

周恩来很喜欢这个名字，革命时期经常用"伍豪"的笔名发表文章，传播进步思想。甚至在紧急的时刻，这个笔名还发挥了传递"信号"作用。据《周恩来传》记载：四一二事变后，广州发生了四一五清党事件，国民党大肆逮捕屠杀共产党员。周恩来在广州时居住的广东区委军委机关也被搜查。当时，邓颖超因为难产后身体没有恢复，住在医院里，并不知道周恩来参加并领导了上海工人第三次武装起义，处境危险。这时她接到周恩来的通知，要她赶快到上海，用化名登报找他。邓颖超到上海后，就让母亲登报寻找"伍豪"，取得了跟周恩来的联系。

青年时期的周恩来

但随着革命进展，"伍豪"这个名字也引起国民党的关注，特别是在顾顺章叛变革命以后，国民党借以策划推动了"伍豪事件"。据当年参与此事的"中统"特务组长黄凯透露：伍豪事件是张冲和他策划的，认为当时共产党经济困难，借用周恩来的化名伍豪冒充刊登脱党启事，可能会使共产党员动摇脱党或自首。于是他们就起草了《伍豪等脱离共党启事》，并派人送登上海各报。

对此，《张冲传》的作者马雨农也有披露。他在书中"伍豪事件的始作俑者"一节详细叙述了事件经过，指出：顾顺章1931年4月被捕后叛变，向国民党邀功的最主要目标是中国共产党领导人周恩来。张冲就是利用这一点制造了所谓"伍豪事件"。1932年2月张冲起草《伍豪等脱离共党启事》后，由黄凯派人送上海几家主要大报刊登。2月15日，黄凯派人送到申报馆广告处。《申报》的律师认为，这个启事称有243人脱党而只具伍豪一人姓名，有明显漏洞，决定暂不刊登。但《时报》在16日、17日两天的号外版上首先刊登了这个启事。18日、19日，《新闻报》接着刊登。国民党新闻检查处随即派员向《申报》施加压力，《申报》才于2月20日、21日连续刊登了两天。这两天，《时事新报》也同时刊登。启事内容为：

> 敝人等深信中国共产党目前所取之手段，所谓发展红军牵制现政府者，无异消杀中国抗日之力量，其结果必为日本之傀儡，而陷于中国民族于万劫不回之境地，有违本人从事革命之初衷。况该党所采之国际路线，乃苏联利己之政策。苏联口口声声之要反对帝国主义，而自己却与帝国主义妥协。试观目前日本侵略中国，苏联不但不严守中立，而且将中东

路借日运兵,且与日本订立互不侵犯条约,以助长其侵略之气焰。平时所谓扶助弱小民族者,皆为欺骗国人之口号。敝人本良心之觉悟,特此退出国际指导之中国共产党。

伍豪等二百四十三人启

《申报》是当时中国第一大报,连续两天都在广告版十分醒目的位置刊登这一启事,标题用了最大的字号,通栏到底,使之成了当天广告版上最为突出的一条,影响非同小可。

当时,周恩来已经从上海转赴中央苏区,正忙于攻打赣州的战役。留守上海的临时中央没有袖手旁观,当即采取措施进行反击。据当时在上海临时中央工作的李一氓在其回忆录中讲:1932年2月16至21日,上海《时报》《新闻报》《申报》《时事新报》忽然连续刊出《伍豪等二百四十三人脱离共产党启事》。当时,周恩来已离沪去江西苏区,用伍豪名义登的脱离启事,显然是国民党特务伪造出来反苏反共的,这必须想个办法加以澄清。经过大家商量,决定由潘汉年找当时法租界巡捕房的律师陈志皋,代表伍豪登一个否定的启事。但陈说他虽然在巡捕房工作,总是中国人,出面不方便。国民党要是找到他,他难以解释。他建议代我们找一个法国律师巴和,代表周少山登一个紧要启事:

兹据周少山君来所声称:渠撰投文稿曾用别名伍豪二字;近日报载伍豪等二百四十三人脱离共产党启事一则,辱劳国内外亲戚友好函电存问;惟渠伍豪之名除撰述文字外,绝未用作对外活动,是该伍豪君定系另有其人;所谓二百四十三人同时脱离共党之事，实与渠无关；事关个人名誉，多滋误会，更恐有不肖之徒，颠倒是非，藉端生事；特委请贵律师代为声明，并答谢戚友之函电存问者云云前来。据此，合行代为登报如左。

事务所法大马路（今金陵东路）四十一号六楼五号

这样，这个启事就于1932年3月4日在《申报》登载出来了。这个启事没有用伍豪的名义而用周少山的名义，又说伍豪是周少山自己的笔名，巧妙地躲过了国民党的盘查。李一氓还特别指出：因为周恩来已离开上海，他不会知道我们做了这些事情。以后也没人向他提过这件事。

除此之外，中共还采取了其他一些应对举措。比如上海地下党2月20日即以中共江苏省委宣传部名义广为散发《反对国民党的无耻造谣》的传单进行辟谣，指出："最近在《时报》《新闻报》各反动报纸堆中所登载的伍豪等二百四十三人脱离共产党广告，就是帝国主义走狗国民党无耻造谣的一例……无论这些狗东西怎样造谣诬蔑，并不能动摇共产党在劳苦群众中的威信！"再比如在党内举办的报刊上发布声明。2月27日，在上海秘密出版的党报《实报》第11期，刊登了由党组织代写的《伍豪启事》声明，指出所谓《伍豪等脱离共党启事》是国民党造谣诬蔑的新把戏，"一切国民党对共产国际、中国共产党和我个人自己的造谣诬蔑，绝对不能拯救国民党于灭亡的！"

当时深处中央苏区的周恩来，也很快获知上海发生的这一事件。

为揭穿国民党反动派的阴谋，毛泽东在2月下旬以中华苏维埃共和国临时中央政府主席的名义发出布告，指出：上海《时事新报》《时报》《申报》登载伍豪等的冒名启事，宣称脱离共产党，"而事实上伍豪同志正在苏维埃中央政府担任军委会的职务，不但绝对没有脱离共产党的事实，而且更不会发表那个启事里的荒谬反动的言论，这显然是屠杀工农兵士而出卖中国于帝国主义的国民党党徒的造谣诬蔑。"

事情至此，基本上水落石出，比较明了了。但不曾料想，35年之后"伍豪事件"又被人翻腾了出来，并作为诬陷攻击周恩来的证据。据经历此事的闫长贵回忆：1967年的5月，天津南开大学造反派在20世纪30年代的旧报纸里翻到一则《伍豪等脱离共党启事》。有人告诉他们，"伍豪"就是周恩来。他们把关于这则启事的材料送到中央文革小组。于是，江青等人就把它当作投向周恩来的一发重磅炮弹，开始借端发难。这就是文革中的"伍豪事件"。5月17日，江青将这则启事转送林彪、周恩来、康生，并附信说："他们查到一个反共启事，为首的是伍豪（周XX），要求同我面谈。"周恩来收到江青的信后，觉得有必要把这件事再一次搞清楚，给历史留下一个真实的记录。为此，身边工作人员特意去北京图书馆借来1931年和1932年上海出版的几种报纸，查找了相关消息，特别是查找到那则只有45个字的启事："伍豪先生鉴：承于本月十八日送来广告启事一则，因福昌床公司否认担保，手续不合，致未刊出。申报馆广告处启。"周恩来高兴地说："这就清楚了。"同一张报纸在三天之内就同一事件刊出两条不同的消息，明眼人都知道，第二条是对第一条的否定。消息都找到后，周恩来让请来的新华社摄影师钱嗣杰，把所有登载那则启事的旧报纸一一拍照。

5月19日，周恩来在江青信上批注："伍豪等脱离共党启事，纯属敌人伪造。只举出二百四十三人，无另一姓名一事，便知为伪造无疑。我当时已在中央苏区，在上海的康生、陈云同志均知为敌人所为，故采取了措施。"同时致信毛泽东，并附送1931年至1932年的有关事件的《大事记》。信中说，"现在弄清楚了所谓'伍豪等启事'，就是一九三二年二月十八日的伪造启事"，"伪造启事和通过申报馆设法的处置，均在我到江西后发生的。"对此，毛泽东批示："交文革小组各同志阅，存。"

1967年12月22日，北京大学历史系一学生给毛泽东写信，又反映他在1932年的《国闻周报》《申报》《时事新报》上发现《伍豪等脱离共党启事》的材料。毛泽东在1968年1月16日再次批示："此事早已弄清，是国民党造谣污蔑。"

1968年5月8日，毛泽东在同中央文革碰头会成员谈话中谈到"伍豪启事"问题时，说：敌伪的报纸也不能全信。像许世友这样60多岁的人，他都不知道"伍豪启事"是敌人伪造的，可见了解当时的历史情况很不容易。这个"启事"下款是伍豪等243人，如果是真的，为什么只写出一个人的名字，其他都不写？有些干部对历史不清楚，一看大吃一惊。

应该说，到此"伍豪事件"基本已落下帷幕，走进了历史故往。但对周恩来来说，这件事情并不是那么轻松地就烟消云散了，而是一直牵挂在心的往事。在他的晚年，对这件事仍然念兹在兹。1972年6月23日，周恩来根据毛泽东的意见，在中共中央召开的批林整风汇报会上作

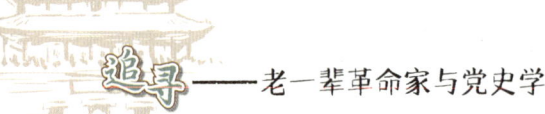

了《关于国民党造谣污蔑地登载所谓"伍豪启事"问题》的专题报告,详细解说事情经过。1975年9月周恩来身上癌细胞继续扩散,病情急转直下,9月20日下午要做第四次手术,他清楚施行这次手术的后果很难预测,在进入手术室前专门让工作人员找来之前所作的那份专题报告的录音记录稿,用很长的时间仔细地看了一遍,用颤抖的手签上名字,并注明签字的环境和时间:"于进入手术室,一九七五、九、二十"。

刘少奇与党史学习

刘少奇

　　刘少奇的一生与中国共产党奋斗史、中华人民共和国奋斗史紧密相连。刘少奇对为什么学习党史，怎样学习党史发表过一系列独到见解，并曾亲自指导党史的研究、教学工作。刘少奇关于党史的理论阐释和工作实践，对新时代党史学习活动仍然具有重要借鉴和启迪。

"用中国党的经验来教育中国的党员"

刘少奇重视党史学习,有其理论逻辑和思想渊源。

1941年,刘少奇在给宋亮(即孙冶方)的信中谈到:中国共产党有一个极大的弱点,就是党在思想上的准备、理论上的修养是不够的,是比较幼稚的。所谓理论上的准备,"包括对于马列主义的原理与方法及对于中国社会历史发展规律的统一把握"。这对于中国共产党大多数同志来说,"都还有极大的不够"。党员缺乏理论修养会给中国革命带来重大损失,"我们党和许多党员,曾经因为理论上的准备不够,因而在工作中吃了不少的徘徊摸索的苦头,走了不少的不必要的弯路"。

提高党员理论修养,需要认清中国社会历史发展规律。那么如何认清历史发展规律?学习党的历史是一个有效途径。在《论共产党员的修养》一文中,刘少奇谈到,学习历史上的革命经验并投身到革命的实践中去,"发挥主观的能动性,加紧学习和修养","才能够深刻地体验和认识社会发展和革命斗争的规律性,才能真正深刻地认识敌人和自己,才能发现自己原来不正确的思想、习惯、成见,加以改正,从而提高自己的觉悟,培养革命的品质,改善革命的方法"。正是从这个角度出发,刘少奇指出:"历史里边也有普遍真理",不学习历史,就"理论不起来"。

由此可见,刘少奇所倡导的党史学习,不是"学院式"的研究,而是有着明显的现实目的。这个目的就是:通过学习党的历史、革命历史,认识中国社会发展规律和革命斗争规律,在此基础上,将马克思列宁主

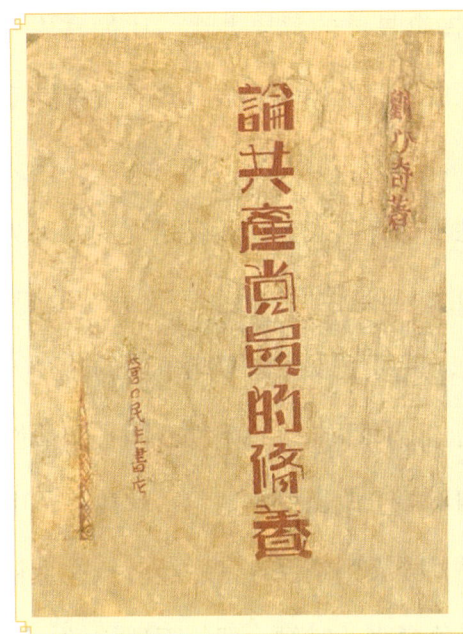

刘少奇《论共产党员的修养》

义的基本原理与中国社会发展规律相结合，提高党员理论修养，进而用中国化的马克思主义指导革命建设实践。简言之，就是："用中国革命的经验来教育中国的革命者，用中国党的经验来教育中国的党员。"

"如何研究我们党的历史，了解我们党的历史，这是一件很重要的事。"刘少奇指出，广大党员一定要读书，要学习唯物史观，用唯物史观指导党史研究。刘少奇认为，研究党史的方法有两种，一种是教条主义的方法，一种是理论与实践相结合的方法、马克思主义的方法。刘少奇曾以不同历史阶段的土地问题、农民问题为例，教育党员什么是马克思主义的研究方法。

1950年，刘少奇在马列学院开学典礼上谈到，土地问题、农民问题的一些基本观点，马克思、列宁讲过了，但是要处理中国的土地、农民问题还要根据中国的实际情况,提出具体的解决办法。比如富农问题,过去是把富农多余的土地财产征收了,分给贫雇农,现在要保存富农经济。那么过去的处理是否一定错误呢?刘少奇指出:"不。过去分富农的土地对,现在不分也对。现在不保存富农经济就是错误的,因为情况变了。"富农的身份虽然没有变化,但是他们的政治态度有了改变。"在战争当中,富农同地主站在一起,反对土改,是不能争取的。今天中国革命胜利了,就有可能争取他们。时间不同了,条件不同了,他们周围的环境改变了。""抗日战争时期不搞土改,只搞减租,解放战争中征收富农多余的土地和财产分给农民,今天则是保存富农经济,这是整个革命形势决定我们这样做的。在战争紧张的时候,即使不那样做,富农也不会拥护我们,也不会站到我们一边。今天战争胜利了,要恢复生产,发展生产,就要保存富农经济。"这就是具体情况具体分析,是马克思主义的精华。

刘少奇"用中国党的经验来教育中国的党员"的党史教育观和"理论与实践相结合"党史研究方法,在整风运动前后、新中国成立初期,以及60年代初国民经济调整时期表现得尤为明显。

肃清"左"倾错误的思想根源

从1942年春天开始,全党范围内开展了一场长达三年的整风运动。为什么在抗日战争十分紧张的情况下进行全党整风?因为中国共产党在它成立以来的二十多年历史中,经历过巨大的胜利和严重的失败,其中给党带来危害最大的是以王明为代表的"左"倾错误。遵义会议虽然纠正了军事路线和政治路线上的"左"倾错误，但由于没有来得及对党的历史经验进行系统的总结，特别是没有从思想路线的高度对党内历次错误的根源进行深刻的总结，党内在指导思想上仍存在一些分歧。这个问题如果不能得到很好的解决，就谈不上党内思想上政治上的统一和行动上的一致，谈不上同心同德地夺取胜利。

整风运动前后，刘少奇在各种场合多次总结党的历史经验教训，通过大量无可辩驳的史实充分地论证了王明"左"倾错误给党造成的损失，有力地肃清了"左"倾错误的思想根源。

刘少奇很早就认识到"左"倾错误的危害，并坚决与之斗争。1932年，刘少奇对白区工人运动中出现的"退出黄色工会"等一系列"左"倾错误政策提出批评，反而因此受到中共临时中央的错误批评和警告。1936年春，刘少奇到天津负责中共中央北方局工作，积极肃清白区工作中长期存在的"左"倾关门主义和冒险主义的影响。他系统地回顾了中共六大以来的白区工作历史，指出："我们在四中全会以后，在实际工作中没有改正而且继续着立三路线的盲动主义，冒险主义的'左'倾传统。"1939年初，刘少奇撰写了一份《中国共产党的产生与发展》的党史报告大纲。这份党史大纲再次直指国内战争中"左"的、右的机会主义给党带来的灾难。在一次次斗争中，刘少奇对"左"倾错误的危害认识越来越深刻，思想也越来越成熟。

刘少奇在整风运动前后从党的历史经验出发，揭露"左"倾错误危害，集中体现在他的"三论"（《论共产党员的修养》《论党内斗争》《论党》）和《清算党内的孟什维主义思想》等经典著作中。

刘少奇《论党》

1939年7月，刘少奇在延安马列学院作《论共产党员的修养》演讲。刘少奇指出，在过去一个时期内，中国共产党内曾经有不少教条主义者。这些教条主义者"根本不懂得马克思列宁主义，而只是胡诌一些马克思列宁主义的术语，自以为是'中国的马克思、列宁'，装作马克思、列宁的姿态在党内出现，并且毫不知耻地要求我们的党员象尊重马克思、列宁那样去尊重他，拥护他为'领袖'，报答他以忠心和热情"。他们"家长式地在党内发号施令，企图教训我们党，责骂党内的一切，任意打击、处罚和摆布我们的党员"。刘少奇将斗争矛头直指教条主义，已经触碰到"左"倾错误的思想根源。

《论共产党员的修养》一文在整风运动中发挥了巨大的作用。1942年6月，中共中央宣传部把它列入整风学习的22个文件中。据时任中共中央办公厅主任的王首道回忆:"1942年整风学习运动一开始,我们中央直属系统学委会制定的学习二十二个文件的学习计划中,就列入了《论共产党员的修养》一书。同年六月,中共中央宣传部发布《关于在全党进行整顿三风学习运动的指示》中,就附发了中直系统的这个学习计划。《论共产党员的修养》,是批判党内'左'倾机会主义思想的一个结晶,是学习毛泽东关于整顿三风报告的重要辅助文件。在整风学习中,它帮助了我们总结党的历史经验,检查自己的工作和思想,加强党性锻炼,是一个很好的整风文献。"

刘少奇《论党内斗争》

1941年7月,刘少奇在中共中央华中局党校作《论党内斗争》的演讲。刘少奇指出中国共产党成立的历史条件与苏联完全不同,"中国党内小资产阶级和农民的成份占着相当大的比重,并有若干游民成份",这也是"中国党内左右倾机会主义的社会基础"。在这次演讲中,刘少奇重点指向"左"倾错误影响下党内斗争过火的问题,"党内斗争进行得过火、进行得毫无限制,走到另一个极端——党内斗争中的左倾机会主义,党的组织上的左倾机会主义(否定党内民主,否定原则上一致的党内和平,否定工会及其他群众组织的相对的独立性,否定党员的个性及其自动性、创造性等)","这种机械的过火的党内斗争方式,在相当长的一个时期内曾经造成党内生活不正常的现象,给党的损失很大"。整风运动中,这篇文章被编入解放社出版的《整风文献》。

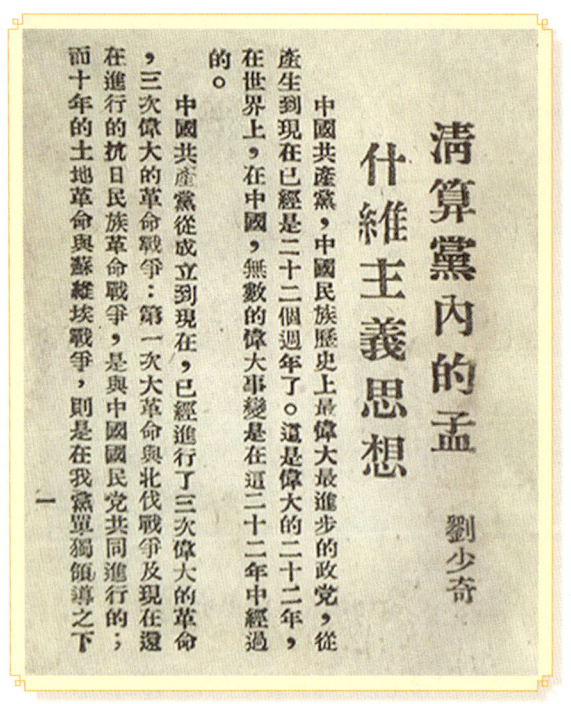

刘少奇《清算党内的孟什维主义思想》一文

《清算党内的孟什维主义思想》是1943年7月刘少奇为纪念中国

共产党成立 22 周年而写的文章。此时,中央领导层的整风即将进入讨论党的历史问题和路线问题的阶段。刘少奇在文章中指出,党的历史经验非常丰富,最重要的一个经验,就是什么是真正的马克思主义者问题。"左"倾机会主义,是假的马克思主义,"实质上就是中国的孟什维主义"。刘少奇指出,中国共产党的历史,是马列主义在中国发展的历史,也是中国的马列主义者和各派机会主义者斗争的历史。现在我们党的建设的中心任务,就是"总结我们二十二年来丰富的历史经验,在思想体系上彻底清算党内的孟什维主义残余,把我们党的布尔什维克化提到更高的阶段"。文章从两条路线斗争的角度,对"左"倾错误进行了更加系统、更加尖锐的批判。

在深入研究党的历史、认清路线是非的基础上,经过充分讨论,党的六届七中全会对党的历史上若干重大问题作出正式结论,整风运动胜利结束。1945 年,党的七大召开,刘少奇在大会上作《关于修改党章的报告》(这个报告,1950 年经作者改名为《论党》)。报告中,刘少奇指出中国革命的不平衡性、长期性和斗争的复杂性等历史特点,并强调党"是在毛泽东思想指导下,在认识与利用中国这些特点中发展起来的"。中国共产党的历史,"乃是反对党内各种机会主义并将其粉碎的历史,乃是马克思列宁主义的普遍真理与中国革命的具体实践不断结合的历史"。毛泽东思想是我党一切工作的指针,学习毛泽东思想,宣传毛泽东思想,遵循毛泽东思想的指示去进行工作,乃是每一个党员的职责。

刘少奇在党的七大作《关于修改党章的报告》

从整风运动到党的七大,是一"破"一"立"的历史过程。整风运动清算了"左"倾错误的思想根源,恢复了实事求是的思想路线;党的七大将毛泽东思想确立为党的指导思想,实现了马克思列宁主义基本原理同中国革命实际相结合的第一次历史性飞跃。在这一重要历史关头,刘少奇以党的历史经验为理论武器,作出了卓越的历史贡献。

总结新民主主义革命历史经验

1949年10月1日,新中国的成立开启了中华民族历史的新纪元。领导和组织人民革命取得胜利的中国共产党,成为在全国范围执掌政权的党,担负起领导全国各族人民建设新生活的重任。党的历史揭开了新的篇章。但是,正如毛泽东所说,我们的事情还很多,比如走路,过去的工作只不过是像万里长征走完了第一步。在新的历史条件下,如何汲取党的成功经验,如何保持党的优良作风,动员广大干部群众投身新中国的各项建设事业中,是刘少奇不断思考的问题。

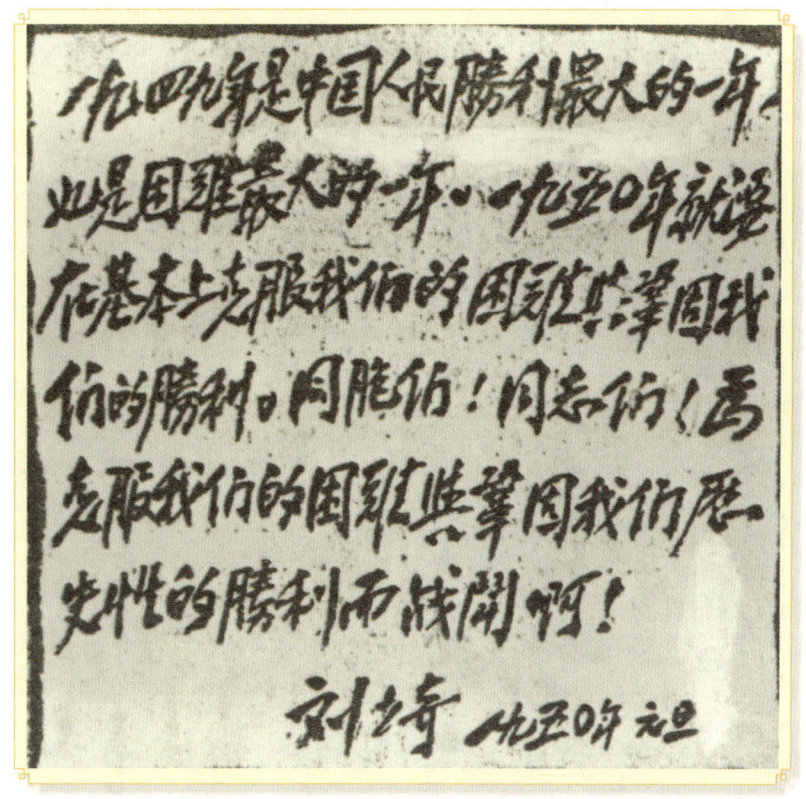

新中国成立伊始,百废待举、百业待兴,国内外形势严峻复杂,刘少奇充满信心。这是他于1950年元旦在《人民日报》发表的题词号召。

1951年,以中国共产党成立30周年为契机,刘少奇对党的奋斗史、党的经验教训、党在今后的历史任务等,进行了比较系统的阐释。其中,影响最大的一项工作,就是对《中国共产党的三十年》的修改。

1951年4月1日,中央办公厅主任杨尚昆和中央宣传部副部长胡乔木联名致信党中央,对1951年7月1日中国共产党成立30周年纪念办法要点提出建议,其中一项宣传办法是:"由马列学院写一篇党史提纲，由中央宣传部写一篇中国共产党三十周年纪念宣传大纲，编写一本供下级党员用的介绍党史的通俗小册子，一本以照片和绘画编成的中国革命画册，和一本由照片编成的毛主席画传。"此报告落实的结果，三种材料合为一种，即由胡乔木执笔撰写《中国共产党的三十年》。

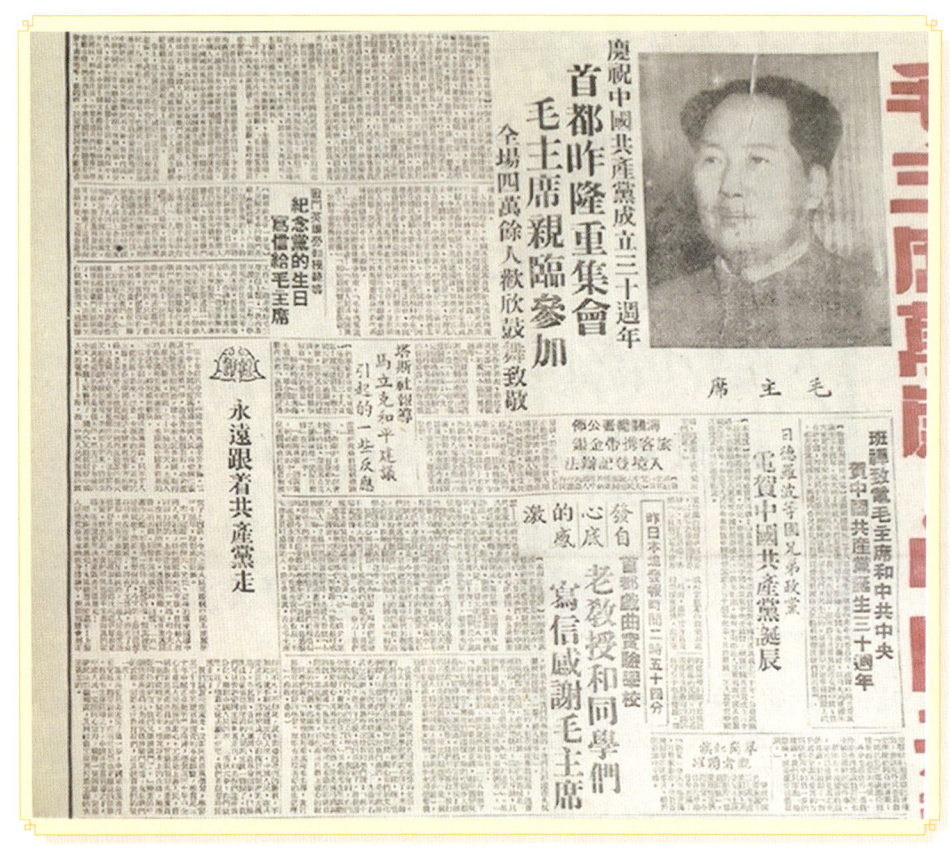

关于庆祝中国共产党成立30周年的报道

刘少奇对《中国共产党的三十年》撰写工作非常重视，他希望通过对中国共产党30年的成长历程、经验教训的总结，为广大党员群众提供一个权威党史著作。6月，胡乔木写出了初稿，送刘少奇审改。刘少奇对文章进行了两次修改，总计修改480余处。刘少奇对《中国共产

《党的三十年》的修改，不是仅仅对个别文字的润色，而是进行了大量的全面的改动甚至重写，在毛泽东有关党史论述精神的基础上，进一步补充了自己的观点，提出了许多自己的独到见解。

例如，在中国共产党成立初期领导的工人运动部分，刘少奇增写了："这些罢工都是在共产党员的领导之下进行的，并且绝大多数都得了完全的胜利，在罢工胜利之后，都组织了在共产党员领导之下的工会。工人运动和工人组织在迅速的发展中，工人阶级在中国政治和经济生活的重要作用也就迅速而明显地表现了出来。""（五卅运动）引起了全上海以至全国人民的极大愤激。在以后数日，上海工人、学生和市民，继续举行了反对帝国主义枪杀中国人的示威游行，并继续遭受了英、美和日本巡捕的枪杀。全上海的工人举行了总罢工，学生举行了总罢课，商人举行了总罢市。运动迅速扩展到全国各城市，在各城市的工人、学生和市民都举行了多次的反帝示威游行，并罢工、罢课、罢市，抵制英货日货。香港工人在总罢工之后，工人都回到广州，因而封锁了香港使之变成死港。"这段话既丰富了党领导工人运动的历史细节，又揭示了工人阶级的历史地位。这种认识，显然与刘少奇早期从事工人运动的革命经历密不可分。

又如，在谈到陈独秀的右倾错误时，刘少奇增写了："他们根本就没有企图由无产阶级和共产党来领导这个革命，使这个革命在胜利以后，首先就有利于无产阶级，并以无产阶级为中坚力量来掌握政权，用这个政权来保障国家在以后的发展走上社会主义的前途。他们认为第一次革命应该让资产阶级建立资产阶级的共和国，无产阶级只能得着一些资产阶级共和国中的'自由与权利',不能得着别的什么。所以他们认为在资产阶级的民主革命中,无产阶级只能站在消极的帮助地位,而不能站在领导地位。他们认为无产阶级只有等资产阶级共和国成立以后,资本主义经济有了进一步的发展,再来推翻资产阶级共和国,建立无产阶级专政,才能实现社会主义。这是第二次革命。所以他们的主张被称为'二次革命论'。"这段增写的内容,对大革命时期的右倾错误分析得

五卅运动中的传单

更加深入透彻,也从一个侧面阐明了大革命失败的深层原因。

"从一九二七年到一九三七年,党度过了极端严重的反动时期。在这个时期内,一方面,敌人企图完全消灭我们党,我们党和敌人进行了极端艰苦、复杂和英勇的斗争;另一方面,党在克服了右倾的陈独秀机会主义之后,又受到'左'倾机会主义的几次侵袭,以致处于极端的危险之中。但是由于毛泽东同志的创造性的马克思列宁主义的正确领导,和他异于寻常的忍耐性与遵守纪律的精神,党终于充分圆满地克服了党内机会主义的错误,脱离了危险的地位。这样,使党在十年的反动时期,虽有内外敌人的侵袭和打击,却在全国范围内用革命精神教育了广大的人民群众,在人民群众中保存了党的革命的旗帜,并保存了红军的基干和一部分革命根据地,保存了党的大批的优秀干部和数万党员,积蓄了大量的革命经验,特别是关于战争和革命根据地的经验,用以迎接新的革命高潮———全国规模的抗日爱国战争和新的国共合作。"这一段描写土地革命时期"左"倾错误和以毛泽东为代表的正确路线的文字,也几乎都是刘少奇改写的。

刘少奇还增加了不少对抗战时期国民党政治心理分析的内容:"代表大地主大资产阶级的国民党反动派,在抗日时期就消极抗日,积极反共,企图削弱共产党的力量,保存和聚积自己的力量,以便依靠苏联和英美及中国共产党所代表的中国人民的势力打败日本以后,坐收渔人之利,然后举行反共战争,消灭共产党,建立它在全国的黑暗的独裁统治。为了这个目的,国民党反动派把外国援助国民党抗日的武器都保存下来,作为反共之用。因此,在抗日战争结束后,内战危机就立即威胁着全国人民。美国帝国主义在日本投降后，则企图代替日本在中国的地位，控制中国广大的市场，使中国变为美国的殖民地。为了这个目的，美国就要援助国民党去消灭共产党，因为共产党是美国实现这个目的的最大阻碍。国民党也要依赖美国的援助才能进行反共内战。美帝国主义和国民党就在这样的基础上进一步地勾结起来，积极地准备着发动对于人民解放区的全面进攻。"

可以看出，作为亲历中国共产党革命历程的领导人，刘少奇对《中国共产党的三十年》的修改，既涉及历史细节，也涉及对党史重大事件、重要人物的评述，有许多画龙点睛之笔。《中国共产党的三十年》是中共党史的奠基之作，刘少奇这一系列重要观点和论述，随着《中国共产党的三十年》在海内外出版发行，产生了重要影响，对人们学习毛泽东思想和中国革命经验发挥了重要作用。

1951年6月30日，在中国共产党成立三十周年庆祝大会上，刘少奇回顾了中国革命"艰苦的、复杂的和曲折的斗争道路"，并解释了革命为什么能够取得胜利的原因。他从毛泽东的正确领导，中国人民解放军的英勇斗争，广大干部党员的艰苦工作，广大工农劳动人民及其他阶层的革命的人民的支持与信任，中国各民主党派以及无党派民主爱国人士的合作赞助，无产阶级社会主义革命的理论和马克思列宁主义对于中国革命的影响，苏联以及世界各国的援助等几个方面进行总结，并指出中国革命的胜利"乃是具有世界历史和中国历史的发展中许多深刻的、复杂的根源"。

讲话最后，刘少奇动员广大党员干部"学习更多的马克思列宁主义的理论和毛泽东同志的思想与作风","去完成今后更伟大、更艰苦的革命任务"。刘少奇指出,"这是我们全体党员在庆祝我们党的成立三十周年纪念时所应该努力的地方"。这也是回顾党的历史、总结历史经验的最终落脚点。

总而言之,在新中国成立初期,刘少奇将党史工作的重点放在总结提炼新民主主义革命经验、编写宣传党史基本著作等方面。其原因,正如他向外国共产党介绍中共历史经验时所说:"研究一下中国党的这些经验,是能够得到一些益处的。"这种益处,不仅是向外国共产党提供经验和借鉴,更多的是为国内广大干部群众投身新中国建设事业提供精神滋养。

恢复调查研究、实事求是、民主集中制等优良传统

为了尽快改变中国落后的面貌,党中央在1958年发动"大跃进"和人民公社化运动。"大跃进"和人民公社化运动背离了党一向倡导的实事求是的原则,脱离了中国社会生产力的发展水平,违背了经济和社会发展的客观规律。在以高指标、瞎指挥、浮夸风、"共产风"为主要标志的"左"倾错误影响下,我国的国民经济比例严重失调,工农业生产遭到极大破坏,人民吃穿用全面紧张,党和人民面临新中国成立以来最严重的经济困难。

在严重的困难面前,全党逐步清醒过来。党中央决心认真调查研究,纠正错误,调整政策。1961年,党的八届九中全会通过了"调整、巩固、充实、提高"的八字方针,国民经济由"大跃进"转入调整时

《人民日报》关于八届九中全会的报道

期。会后不久,党中央号召全党大兴调查研究之风,中央领导人相继到基层调查。从1961年4月2日起,刘少奇在湖南农村调查长达44天。

工厂车间高挂"调整、巩固、充实、提高"标语

湖南农村调查,给刘少奇留下深刻的印象。他认识到,有些干部"在决定问题的时候,不调查,不研究,以感想代替政策;在进行工作的时候,乱提高指标,说空话,瞎指挥,不同群众商量",既脱离实际,又脱离群众。回顾党的历史上的经验教训,刘少奇认识到调整国民经济,首先必须恢复调查研究、实事求是、群众路线等党的优良传统。

于是，6月30日，在庆祝中国共产党成立40周年大会上，刘少奇为广大党员上了一节生动的"党课"。

1961年4月至5月刘少奇进行调查时同手工业者座谈

刘少奇指出，中国共产党的历史，是马克思列宁主义的普遍真理同中国革命的具体实践日益结合的历史。40年间，中国共产党同中国人民一起，干了两件大事。第一件事，是在中国进行人民民主革命；第二件事，是在中国进行社会主义革命和社会主义建设。

回顾28年的民主革命历史，刘少奇特别强调了党长期以来的优良作风："一九四二年在我们党内开始的整风运动，经过三年多的时间，使全党干部得到一次最深刻的教育，更多地学会了把马克思列宁主义的普遍真理同中国革命的具体实践相结合。党的总路线和各项具体政策，真正为全党绝大多数干部所理解。联系群众、调查研究和实事求是的作风，成为全党统一的作风。"

刘少奇在七千人大会上发言

刘少奇指出，在我们党的历史上，并不是所有干部都具有把马克思列宁主义的理论和实际相结合的作风、实事求是的作风。在我国革命的各个时期中，我们党内产生的脱离实际的右倾错误或者"左"倾错误，它们的共同特点，都是忽视对客观实际的调查研究，不了解中国的具体情况，以为凭主观想象、凭一时的感想，或者仅仅摘引某些书本上的个别语句就能指导中国革命。这些错误倾向，曾经使中国革命遭受各种挫折。我们的同志必须记住这种教训。刘少奇还号召在全党展开一个新的学习运动。运动的主要目的，就是要帮助全党干部认识和掌握我国社会主义建设的客观规律，以便多快好省地进行社会主义建设。

为了进一步总结1958年"大跃进"以来的经验教训，统一认识，增强团结，动员全党更坚决地执行调整方针，战胜严重困难，1962年1月中央召开扩大的中央工作会议，参加这次工作会议的有中央和省、地、县委四级主要负责人以及部分大厂矿和军队的负责人共7118人，因此，又称七千人大会。

刘少奇代表中央向大会提出书面报告。报告回顾党的历史，再次重申了实事求是的问题。刘少奇引用1941年8月毛泽东起草的《中央关于调查研究的决定》，从党性的高度指出："粗枝大叶、自以为是的主观主义作风，就是党性不纯的第一个表现；而实事求是，理论与实践密切联系，则是一个党性坚强的党员的起码态度。"因此，"必须把梳理实事求是的作风，作为加强党性的一个标准"。

七千人大会上，刘少奇还指出了另一个重要问题——民主集中制问题。国民经济出现严重困难，其中一个重要原因，就是没能贯彻执行民主集中制，一些地区和部门在实际工作中出现了首先为本地区、本部门着想，不顾大局的分散主义、本位主义倾向。同时，党内民主缺失、党内斗争过火，也损害了党的团结，损害了广大党员积极性，导致许多党员不敢说真心话，不敢提不同意见，造成隔阂。

刘少奇从土地革命谈起，详细梳理了抗日战争时期、解放战争时期党贯彻民主集中制，与极端民主化和小团体主义斗争的历史。刘少奇指出："从遵义会议以来，在这个长期的历史过程中，局部地区曾经在一个时期发生过错误，但是，由于有了党中央集中统一的正确领导，这些错误就很快得到纠正，使我们的事业能够避免严重的挫折，而不断地胜利前进。只是在那些完全脱离中央的统一领导，向中央闹独立性，坚持他们自己的错误路线和错误政策的地方，那里的工作才遭受到不应有的重大损失。"由此看来，"无论在什么时候，都不能没有党中央的集中统一的领导。在遇到困难的时候，尤其需要加强党中央的集中统一的领导。这个问题，对于我们事业的胜利前进，关系极大，全党同志都应该有正确的认识"。

对于党内斗争过火问题，刘少奇指出在党内斗争问题上，我们党是有丰富经验的。"毛泽东同志总结了我们党历史上三次'左'倾路线时期党内过火斗争的教训，提出了正确地进行党内斗争的原则，这就是'惩前毖后，治病救人'，'从团结的愿望出发，经过批评或者斗争，分清是非，在新的基础上达到新的团结'。"因此，一切党的组织都必须深刻吸取教训，发扬党内民主，健全党的组织生活。

刘少奇在庆祝中国共产党成立40周年大会和七千人大会上，反复强调党的历史上的经验教训，目的就是告诫全党干部转变作风，恢复调查研究、实事求是、群众路线、民主集中制等党的优良传统。事实证明，重申党的优良作风、总结经验教训，进一步统一了思想认识，增强了团结，对全党贯彻国民经济调整方针，战胜经济困难，起到了重要推动作用。

"学习党的历史的基本材料"

作为党的第一代领导集体的重要成员，刘少奇为把毛泽东思想确立为党的指导思想做出了巨大历史贡献。同时，学习宣传毛泽东思想和毛泽东著作，也是刘少奇党史教育理念中的重要组成部分。

刘少奇《关于修改党章的报告》

1945年，在党的七大上，刘少奇作《关于修改党章的报告》。在报告中，他概括了毛泽东思想的主要内容和精神实质：毛泽东思想，就是毛泽东同志关于中国历史、社会与中国革命的理论与政策；就是马克思列宁主义的理论与中国革命的实践之统一的思想，就是中国的共产主义，中国的马克思主义；就是马克思主义在目前时代的殖民地、半殖民地、半封建国家民族民主革命中的继续发展，就是马克思主义民族化的优秀典型。现在的重要任务，就是动员全党来学习毛泽东思想，宣传毛泽东思想，用毛泽东思想来武装我们的党员和革命的人民，使毛泽东思想变为实际的不可抗御的力量。因此,"一切党校和训练班,必须用毛泽东同志的著作作为基本教材;一切干部,必须系统地研究毛泽东同志的著作;一切党报,必须系统地宣传毛泽东思想;为了适应一般党员的水准,党的宣传部门,应将毛泽东同志的重要著作,编为通俗读物"。

1948年7月1日,在纪念"七一"的干部会议上,刘少奇作了"中国历史的发展离不开中国共产党"的主题讲话。谈及中国历史、共产党历史,"毛泽东思想"仍然是一个绕不过去的关键词。

刘少奇指出,马克思、恩格斯、列宁是欧洲人,讲的是欧洲话,用欧洲文字写书,讲的是欧洲资本主义国家的事情,也讲到中国的事情,但讲得很少,所以"现在把马克思主义搬到中国来,不是翻译一下就可以解决问题,而必须把马克思主义中国化,不仅变成中国字,而且与中国的历史,中国的革命,中国社会的实际情况相结合,只有这样才能取得成功"。"毛泽东同志做了这个工作,做得很好,做得很成功。因为做成功了这件工作,中国共产党才能发展,才有今天的胜利。"

刘少奇强调,毛泽东思想的确立并非一帆风顺,"在井冈山时,建军的东西,政治上的东西,理论上的东西,毛泽东同志就初步形成了正确的路线。但是人家不接受,正确意见受到教条主义的排斥和反对"。一直到克服了教条主义,争得了马克思主义的宣传自由以后,"才把党内的马克思主义理论水平,把党内的毛泽东思想水平大大地提高了一步"。

刘少奇从中国历史、中共党史的角度审视毛泽东思想的意义:由于我们党"是在毛泽东思想坚固的理论基础上建设起来,发展起来",在毛泽东思想指导下,"党在思想上、理论上、军事上、政治上,在群众中间是巩固的",所以"可以这样讲,中国历史的发展离不开共产党,我们中国共产党的发展离不开毛泽东思想"。

刘少奇参加中国人民大学开学典礼

新中国成立后,作为负责党中央日常工作尤其是党务工作的主要领导人,刘少奇将加强党员理论教育、学习中国共产党历史和学习毛泽东思想结合起来。1951年2月,中共中央下发通知,将《中共中央关于加强理论教育的决定(草案)》发给各地。《决定(草案)》指出:理论学习应当是循序渐进的。根据党内目前的情况,每个党员的理论学习,按照理解能力的发展程度,可以分为三级,其中就包括"学习理论常识，即关于社会发展史的常识（包括历史唯物论和政治经济学），中国共产党历史、和毛泽东生平的事迹""学习马克思、恩格斯、列宁、斯大林的理论著作和毛泽东的理论著作"。

《毛泽东选集》第一版

1950年5月，党中央决定成立中共中央毛泽东选集出版委员会，刘少奇担任主任，以中央名义编辑《毛泽东选集》。刘少奇将毛泽东的著作看作"学习党的历史的基本材料"。1951年7月1日，毛泽东选集出版委员会发出通知："中国共产党的三十周年纪念，引起了党内学习党的历史的广泛的热情。毫无疑问，有系统地学习党史，将极大地加强全党的马克思列宁主义教育，从而使全党的干部和党员在今后中国人民革命事业和建设事业中增加极大的觉悟性和信心。学习党的历史的基本材料，应当是毛泽东同志在中国革命各个时期的主要著作。因为毛泽东同志的这些著作有些直到最近才收集起来,有些过去虽然收集过,但有很多人没有获得阅读的机会,所以我们决定在《毛泽东选集》未出版前,先选择毛泽东同志从一九二六年以来所写的几十篇最重要著作,除篇幅很长的须出单行本者外,从今天起在人民日报陆续发表。"

从1951年10月到1953年4月,毛泽东著作出版委员会陆续出版发行了《毛泽东选集》第一、二、三卷;1960年9月,出版发行了《毛泽东选集》第四卷。刘少奇积极组织毛泽东著作学习活动,在党内外掀起毛泽东思想学习热潮。刘少奇指出:"我们在开始布置和进行任何中心工作的过程中,都要找出毛主席著作中关于这项工作的直接指示和间接指示,认真地进行学习,并号召党员干部和群众一起进行学习。这样,就能把中心工作做得更好,又能引起人们学习毛主席著作的更广泛的兴趣。"

人民群众排队等候购买《毛泽东选集》(第一卷)

将毛泽东著作看做党史学习的基本材料,将党史学习教育和毛泽东思想相结合,是刘少奇党史教育理念的一大特色。毛泽东思想作为党的指导思想,融汇贯穿于中国共产党领导的新民主主义革命、社会主义革命和建设的始终。正如刘少奇所说:"中国历史的发展离不开共产党,我们中国共产党的发展离不开毛泽东思想。"

指导党史资料整理和党史教育工作

整理历史档案是党史研究的基础和前提,党校是开展党史教育的重要阵地。刘少奇十分重视党史资料整理和党校教育培训,多次作出详细具体的工作安排和部署,充分体现出老一辈革命家对党史工作的关心关怀。

早在 20 世纪三四十年代担任中共中原局书记和新四军政委期间,刘少奇就非常珍视历史档案的重要意义,考虑用历史档案编写自己的党史、军史和革命史。在抗日烽火中,刘少奇对毛泽东、周恩来、朱德等同志与他往来的党内文件精心爱护,随时携带使用,被誉为"胡服的文件"("胡服"是当时刘少奇的化名)。1942 年 1 月,中共中央通知刘少奇回延安参加中共七大。3 月 19 日,刘少奇带领华中赴延安干部 100 多人,携带文件从苏北阜宁县单家港出发返回延安。临行前他对秘书们说:"人在文件在,与文件共存亡。"刘少奇将文件分成 12 小包,装在行军袋里,放在他骑的大红马上,而自己却步履艰难地与随行同志一起步行。有同志不理解:"驮一些烂纸片有啥用?"刘少奇语重心长地解释:"噢!用处可大着哩。这些文件记载着中原局、新四军和华中广大人民群众抗日斗争的功绩,将来用它写出历史,不是也有你们一份功嘛。"

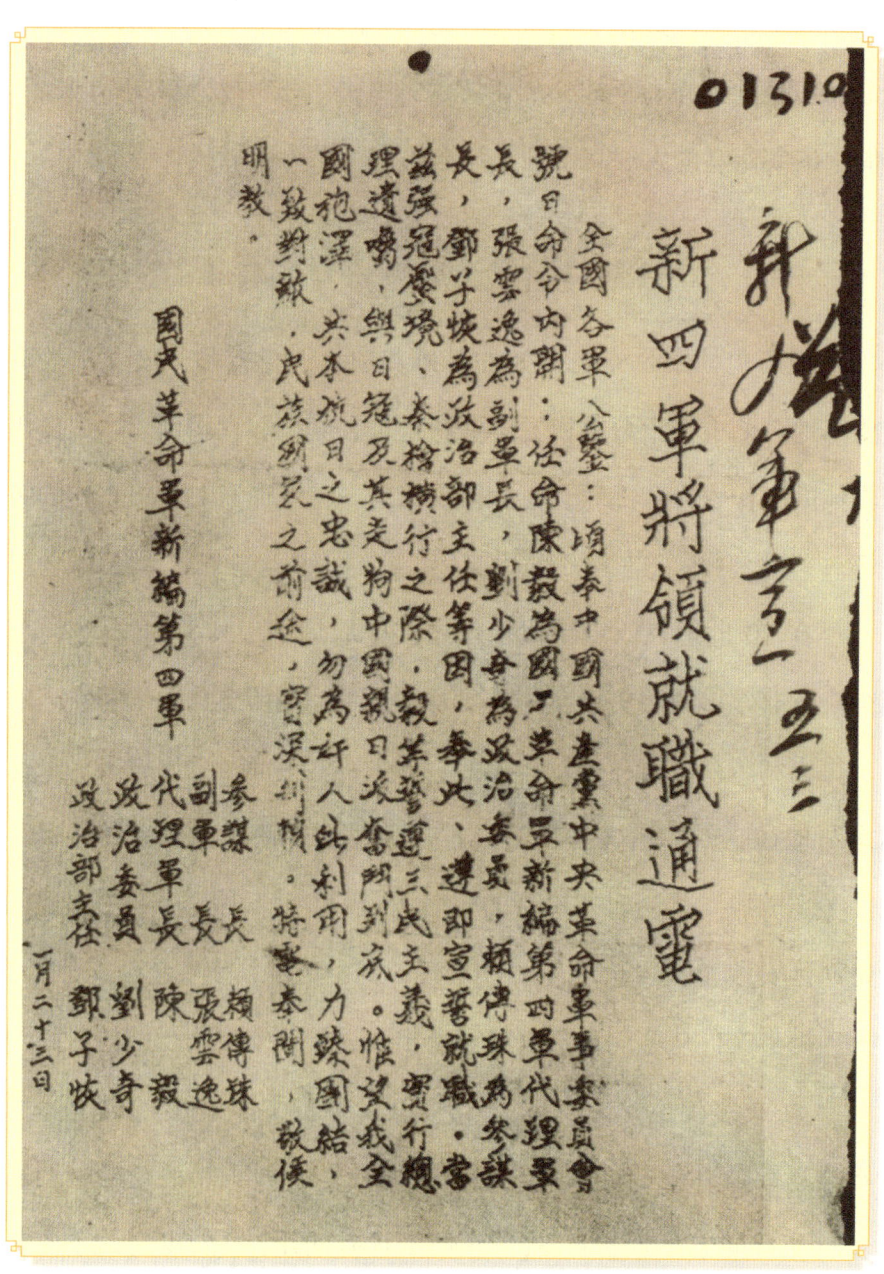

皖南事变后,新四军将领的就职通电,其中刘少奇任政治委员

延安整风运动期间，1943年9月，中共中央召开政治局会议批评王明在十年内战时期的"左"倾错误和抗战初期的右倾错误。毛泽东在发言中提到，汇编党的历史文献，对大家认清王明错误路线发挥了重要作用。毛泽东说："到了1941年5月，我作《改造我们的学习》的报告，毫无影响。6月后编了党书（指党的历史文献集《六大以来》），党书一出许多同志解除武装，才可能召开1941年9月会议，大家才承认十年内战后期中央领导的错误是路线错误。1941年9月会议是一个关键，否则我是不敢到党校去作整风报告的，我的《农村调查》等书也不能出版，整风也整不成。"对此，刘少奇深表认同。他在会议上提出："党内历史有许多不清楚的，要组织几个报告，要留下些文件给后代。"

1949年12月29日，中央人民政府人民革命军事委员会向中国人民解放军各军区、野战军发布收集军史资料的通令，指出：为了收集军史、战史材料，请指定专人组成史料收集委员会，负责收集土地革命战争时期、抗日战争时期、解放战争时期各种作战文件（命令、指示、图表、战役总结等）和缴获敌人的各种作战文件，以及对研究战史有参考价值的文件。刘少奇在审阅该通令时，专门加写了一句话："各野战军及各军师可写自己的历史和战史。"刘少奇的批示引起强烈反响，各部队纷纷成立收集委员会和军史战史编辑部门，同时，也促进了各党政部门和地方的收集工作。1951年7月21日，中共中央专门下发了关于收集党史资料的通知。通知指出："在中央宣传部下设一党史资料室，由该室负责编印一种党内的不定期刊，名为《党史资料》，搜集刊载有关党史的各种资料、文件、文稿、回忆、传记、图片等，印发若干份，供党内高级干部参考。其中，可以公开出版者在经过审查编订后,可予择要陆续出版。党所领导的革命军队、革命战争的历史资料,目前亦可编入《党史资料》内。"经过这一系列措施,截止到1959年,全国共收集到革命历史档案几十万件,不仅抢救和保护了党和国家的宝贵财富,也为编写党的历史准备了必要的第一手档案资料。

五十年代初期,《毛泽东选集》出版后,毛泽东曾提议编辑出版刘少奇的选集。对此,刘少奇谦逊地表示:党的领导人中间,除《毛泽东选集》之外,不要再编个人的选集了,可以考虑编辑出版中共中央文集,其中收中央可以公开发表的文件,也收毛泽东同志之外其他领导人的一些讲话、文章,比如恩来等同志的一些讲话、文章。根据刘少奇的指示精神,中央办公厅秘书局、中央档案馆先后组织编辑出版了《中共中央文件汇集》,中共中央党校编辑出版了《中共中央文件选编》等大型文献集。这些《汇集》《选编》,成为党史研究的宝贵文献库和资源库。

党校是培养党的领导干部、提高党员干部理论水平的重要机构。1948年7月,在全国胜利即将到来之际,为了培养大批具有马列主义理论水平的领导干部,党中央决定恢复建立高级党校,"名为马列学院,以刘少奇为院长"。

刘少奇在兼任马列学院院长将近5年的时间内,虽然身负党和国家重任,公务繁忙,但对于党校工作,无论是教学计划、课程设置、思想教育,还是机构变动、人事安排、校舍建筑,他都亲自过问,甚至连开除一个学员学籍的布告,他也作了修改,方退回学校发布。因此,刘少奇被学员誉为"名副其实的院长"。

据杨献珍回忆，在马列学院筹办过程中，很多问题都是刘少奇亲自参加研究确定。1948年8月中旬，他拟定了第一期招生的试题和要求，并且开列了第一学期的课程，初步商定了授课教员的名单。

在学习教材方面，正式课本未编出以前，学员必须阅读和讨论"马列主义基本理论""中国革命基本问题与中国共产党""时局与任务"等8个方面的书籍和文件。其中"中国革命基本问题与中国共产党"，主要就是党史类重要文献如《新民主主义论》《中国革命与中国共产党》《论联合政府》《关于若干历史问题的决议》等。在课程设置方面，10门课程中就包括"新民主主义（或中国革命基本问题）""党的建设""党的历史""人民解放战争"等党史相关内容。

马列学院第一期开学不久，刘少奇就来校给学员讲话。他强调，开办马列学院也是提高党的理论水平的方法之一，而且是很重要的方法。将来还要以马列学院为中心，在全党学习中起指导作用，依靠马列学院去使全党理论水平有所提高。针对有人认为"地理、历史以前学过，又来学，不必要"，刘少奇解释："我们考虑过，还是学一下好。过去学过，现在再学，也没有什么坏处。过去在北平学习历史、地理，和我们这里有不同的内容、不同的分析。有的同志未学过史、地，学一下更好。""我们要用马克思主义的观点来分析历史现象。"后来，第二期学员开学和第一期学员毕业，刘少奇都亲自来校给学员做报告。

刘少奇非常关注党史课程质量和师资力量。1953年6月，刘少奇批准1950年秋入学的马列学院二、三班学员适当延长学习时间，将学习党史的时间延长一个月。1957年6月，中共中央直属高级党校师资训练部中共党史专业学员石崇科等6人致信刘少奇。信中说：是否可以考虑"对党内从事党史教学研究工作的党员，可以放宽一下阅读党史资料的范围，不要按一般的级别规定"。因为做这门学问的教学与研究，必须有较充分的资料。现在一般作教学工作的干部看不到《六大以前》《六大以来》和中宣部编的党史资料，过去许多党的文件、决议也看不到，这样不利于党史教学与研究工作。刘少奇对此信高度重视，认为"这是一个问题"。他很快将信件转批中央办公厅主任杨尚昆和中央宣传部部长陆定一，请他们研究后由中央书记处办理。

刘少奇对党史资料整理和党史教育工作的关心指导，反映了老一辈革命家对党的历史高度负责的态度，以及对利用党史资源资政育人、提高党员理论修养等问题的深入思考。

朱德与党史学习

朱德

朱德经历了旧民主主义革命、新民主主义革命、社会主义革命和社会主义建设几个历史时期,始终站在时代前列。在近70年的革命生涯中,朱德为中国革命成功、为中国人民解放事业立下了丰功伟绩,为我国社会主义革命和建设事业建立了不朽功勋。纵观朱德的一生,他与中国共产党的革命和建设事业紧密相连,在中共党史军史上留下光辉而深远的影响。那么朱德是怎么学习党史的,又有哪些关于学习党史的论述?梳理和回顾朱德关于学习党史的具体实践和论述,对于引导干部群众和广大青少年梳理正确的党史观,具有重要启发和意义。

强调要学习马克思列宁主义

中国共产党是马克思列宁主义同中国工人运动相结合的产物。可以说,马克思列宁主义是中国共产党产生的一个重要条件,如果没有马克思主义在中国的广泛传播,没有中国的先进分子对马克思主义的选择,也就没有中国共产党。学习党史,必然要了解马克思列宁主义。朱德早年正是通过学习马克思列宁主义、信仰马克思列宁主义,才从一个旧民主主义者转变为马克思主义者,才找到了正确方向和道路。

这条道路就是马克思列宁主义的道路。朱德早年通过阅读《新青年》等进步报刊,接触到了共产主义新思潮。为寻求革命真理,1922年36岁的朱德抛弃高官厚禄到德国留学。到德国后,他将主要精力放在了学习马克思、恩格斯和列宁的著作上,阅读了《共产党宣言》《社会主义从空想到科学的发展》《帝国主义是资本主义的最高阶段》《唯物史观》《共产主义ABC》等著作,逐步坚定了马克思主义信仰。在德国的近3年时间里,朱德还通过参加革命实践,思想上发生了根本的转变,由一个旧民主主义者转变为一个马克思主义者。朱德在讲述这段经历时说:"经过许多艰难困苦,我终于找到了一条道路,只有这一条唯一的道路,才能使中国走到真正的民主共和国,才能最后实现没有剥削,没有压迫的社会。这条道路就是马克思列宁主义的道路"。

1925年朱德根据中共旅莫支部安排,进入莫斯科东方劳动者共产主义大学学习,此间他学习了辩证唯物论和政治经济学,马克思主义理论水平得到进一步提高。为了掌握所学的课程,除了重要的会议和节假

朱德与党史学习

朱德在柏林留影

日等活动外,终日埋头于书本中。在这段时间里,朱德比较系统地学习了马克思主义的理论。他后来在谈到学习马克思主义的体会时说:"在德国时,也常常和李季他们讨论辩证法、唯物论的问题,但多不很深刻。在苏联,通过实际的接触,观察世界上的问题,在认识上,就比在柏林时更深刻了。同时,对中国的事情看得更清楚了。"

《反杜林论》我读过好几遍了。1926年7月,朱德重返苦难深重而又正在奋起中的祖国,毅然投身革命洪流之中。此后,无论革命形势多么危急,他都勤学不辍,在艰苦的长征路上,在太行山的密林里,在延

莫斯科东方大学

安的窑洞中,都留下了他刻苦学习的身影。《共产党宣言》《反杜林论》等马列主义经典著作,他不知读了多少遍。1940年,抗日战争处于相持阶段,54岁的朱德工作十分繁忙,但他丝毫不放松理论学习。有一天,他听说一位同志有新译的《反杜林论》,就马上借来阅读。字小、眼花,晚间菜油灯又不亮,读起来很吃力,常常看串行。所以每看一行字,他就用红铅笔划上一道。这样,有了记号,再翻时也好找。还书时,他表示歉意说:"《反杜林论》我读过好几遍了,总还有一些地方看不懂,有时看看,再想想,有时工作忙,给打断了,再接着看。"延安时期,为了鼓励干部学习,党中央曾规定以马克思的生日5月5日为"干部学习节",他被评为第一届学习节的"模范学生"。

《反杜林论》

运用马克思主义的立场、观点、方法去研究新情况，解决新问题。在学习马克思主义问题上，朱德主张运用马克思主义的立场、观点、方法去研究新情况，解决新问题。学习必须与实践相结合，才能防止假学、错学等现象的发生。1940年6月6日，朱德在延安在职干部学习一周年总结大会上指出:"学习马列主义,第一个要求,是能正确地认识客观现实,认识世界;第二个要求,是理论与实践的一致,把理论运用到实际中来改造实际,从改造实际中更加丰富、发展理论的内容。学习马列主义一定要和实际联系起来,要能在实际中运用,要能改造实际,这才是真正的革命的马克思主义。"

延安时期的学习模范朱德

在学习和总结党的历史中分辨真假马列主义。延安整风是全党同志对中共党史的一次全面系统的学习和总结。1940年,朱德从前线返回延安,参加延安整风,协助清理中共党内路线是非问题。整风期间,朱德作为军事高级干部学习组负责人,认真学习中共党史,他尊重历史，实事求是，注重从党的历次挫折中汲取教训，纠正党在思想方法和思想路线中的偏差。1942的12月4日，朱德在中共西北局高干会上，深刻分析教条主义在党内长期统治的原因，指出，"大多数同志学习马列主义不够，分不清真假马列主义。同时，中国又非常需要马列主义，因此，当错误路线打着马列主义旗号时，大家就相信了。所以，今后必须很好地学习马列主义，使那些冒充的马列主义、假招牌的马列主义非收起来不可"。他高度赞扬毛泽东实事求是解决中国革命问题的魄力和能力，理论联系实际不唯书不唯上解决中国问题的办法。在系统分析教条主义危害的同时，朱德点名批评王明，指出，"我们党在二十多年奋斗中已经产生了自己的领袖，这就是毛泽东同志，这是在历史过程中锻炼出来的，不但在中国，而且世界上都承认他是中国共产党的领袖。所以，我看有些人不要争了，还是坦坦白白、诚诚恳恳地做一点工作……"。作为党内德高望重的长者，与毛泽东有着"朱毛不可分"特殊身份的朱德，在整风中为把全党认识统一到毛泽东思想旗帜下作出了重大贡献。在学习和总结党的历史中分辨真假马列主义，抓住了党史学习的根本，有助于党员提高马列主义理论水平，做党的正确路线的自觉贯彻者和执行者。

新中国成立后继续强调学习马克思列宁主义。1959年4月13日，朱德在济南驻军师级以上干部大会上指出："你们要好好学习马克思列宁主义，并且要结合中国革命的实际情况去学。只有不断地学习，才能不断地进步。"在1967年前后，朱德认真通读了中央规定的高级干部必读的32本马列著作，其中大部分篇目都读了两遍，并且写了许多读书笔记。更难能可贵的是，朱德在病中和晚年依然坚持学习马克思列宁主义。有一天下午，朱德和往常一样，坐在办公桌前阅读列宁著作，护士过来责怪说："您低烧，应该休息一下。"而朱德却摇摇头说："学习好比人身的血要流动一样，不能停息。我年岁大了，更要抓紧学，才能革命到底不掉队啊！"护士十分感动，就给他念了起来，朱德听得十分专心，到了重要部分，他便让护士停下重念。朱德的学习精神使周围的同志深受教育。

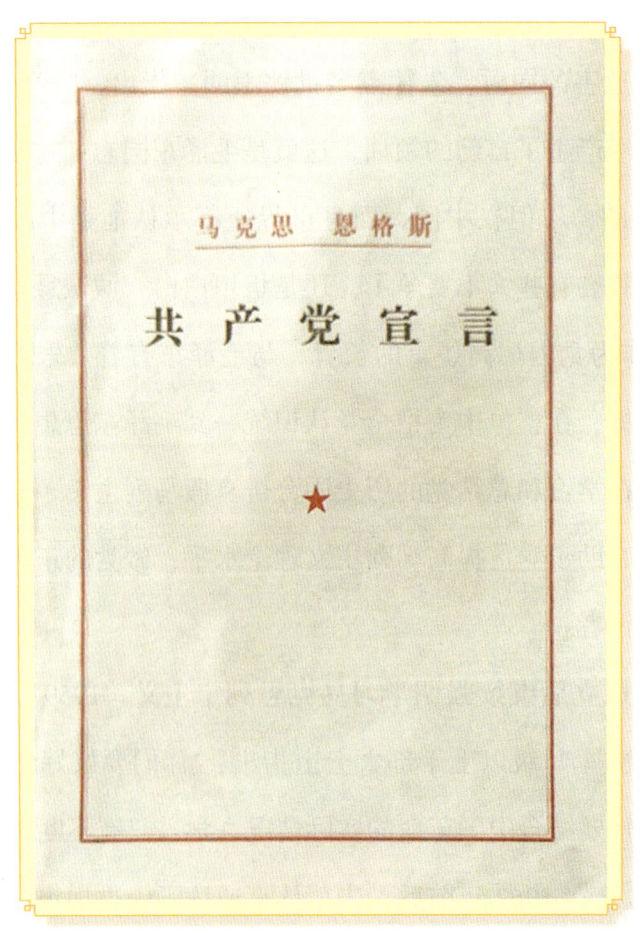

《共产党宣言》成仿吾译本

主要是要把马克思主义搞通。1976年5月,朱德收到中共中央党校顾问成仿吾翻译的《共产党宣言》新译本,如获至宝。90岁高龄的他用了一天时间,认真对照旧译本,重新读了一遍。第二天一大早,朱德告诉秘书,自己要去看望成仿吾。秘书打电话给成仿吾,告知这一消息。成仿吾激动地说:"请转告老总,请他不要来,我马上去看望他。"没过多久,成仿吾再次接到朱德秘书打来的电话:朱老总坚持要亲自登门拜访。到达中央党校后,朱德拿出《共产党宣言》新译本,称赞成仿吾做了一件很有意义的工作:"新译本通俗易懂,可以一口气读下来。很好,很好懂,主要问题都抓住了。看完了,不用讨论就明白了。阶级斗争问题,民族问题,家庭、妇女问题都讲了,讲得很清楚。""应该多培养接班人。马克思主义弄通了,很重要。……这个工作是根本工作。现在有些问题讨论来讨论去,主要是要把马克思主义搞通。"临别时,朱德请成仿吾保重身体,表示要把成仿吾这里当个点,以后时常来看看。遗憾的是,一个多月以后,朱德因病情加重,与世长辞。从1922年11月加入中国共产党,从周恩来手里接过陈望道翻译的《共产党宣言》,到1976年临终前再读成仿吾翻译的《共产党宣言》,可以说,朱德的一生与《共产党宣言》和马克思列宁主义结下了不解之缘。

强调要学习毛泽东思想

对任何一个政党来说,指导思想都是最基本也是最根本的问题。毛泽东思想的创立对于中国共产党、中国革命和建设至关重要。没有毛泽东思想的创立和指引就没有中国革命的胜利。学习党史,必然要学习毛泽东思想。朱德作为党的第一代领导集体的重要成员，为确立毛泽东思想的指导地位做了重要贡献。毛泽东思想确立后，又反复强调要学习毛泽东思想。

总结了毛泽东思想对党的历史的重要贡献。1944年，朱德在《编写红军一军团史座谈会上的讲话》中，深刻总结了毛泽东思想对党的历史的重要贡献。他强调，毛泽东同志当时就指出，要在农村建立我们的根据地；要搞根据地就必须有军队有政权有党组织有群众运动；要有适当的地形条件。在建军方面毛泽东同志也提出了很多新办法。比如，经济民主、官兵薪饷平等制度，任何人不能随便浪费一文钱等等，这在当时条件下是起了很大革命作用的。红军中的政治工作，毛泽东同志也从当时的实际情况出发建立了很多制度。比如，三大纪律六项注意也是在井冈山就规定了的。而且明确规定了红军的任务不单纯是打仗，除了打仗还要宣传、组织与武装群众，建立政权，进行筹款。

没有正确的政治方针，就不能有正确的军事方针。1945年4月，朱德在他所作的七大军事报告中进一步指出，党领导的人民军队之所以能够取得空前的成绩，就是由于毛泽东同志为我们制定了正确的政治方针和军事方针。朱德指出，没有正确的政治方针，就不能有正确的军事方针。胜利的人民战争只能在正确的政治方针指导下，并在以人民为主体的民主联合政府基础上来取得。八年来我们伟大的中国人民军队八路军、新四军、华南抗日纵队，和敌人进行了空前英勇的残酷的可歌可泣的胜利战争，成为中国抗战的中流砥柱，就是由于毛泽东同志的政治方针和军事方针是正确的。毛泽东同志的正确政治方针与正确军事方针的结合，造成了人民军队，造成了解放区，造成了解放区三三制的民主联合政府，造成了解放区真正的人民战争，并使解放区战场所进行的战争能够取得不断的伟大的胜利。现在我们要准备抗日战争的全国胜利，就同样地必须遵循毛泽东同志这个政治报告的方针，必须在毛泽东同志这个总的政治方针指导之下。离开政治单纯地就军事论军事，显然是不正确的。他向党第七次全国代表大会提出的军事报告，就是根据毛泽东同志这个政治报告的精神及其方针确定的。

朱德在党的七大作《论解放区战场》报告

每一个干部都要很好地学习毛泽东军事思想。新中国成立后，1950年7月，在中央军委直属机关干部纪念中国共产党成立29周年大会上，朱德作题为《学习毛泽东军事思想》的报告。指出：人民解放军的产生、发展、壮大及其全部斗争历史，也就是光辉的毛泽东军事科学思想生动的体现。报告分别对土地革命战争、抗日战争、解放战争三个时期的建军情况做了阐述，指出，这"三个时期中，我们的战略战术都根据当时的情况进行了重大的转变：从成立工农红军初期的正规战转为游击战，到粉碎反革命几次'围剿'时又转为大规模的运动战。从突破敌人五次'围剿'北上抗日到抗日战争，又由广大的运动战转为游击战，但仍不放松有利条件下的运动战。到抗日战争末期，我们又组织了大规模的攻坚战、歼灭战。这几次重大转变，都是在毛主席直接领导之下进行的。毛主席领导得很好，适时地不前不后，正确地不左不右，使我们能够顺利地度过了这几个转变关头，取得胜利。"报告最后指出："今后，我们部队的任务是更重大了。我们要尽快地走向现代化。我们要有飞机、军舰、大炮、坦克、工兵、骑兵、伞兵和各式各样的兵种。为了打台湾，我们正积极地建设空军和海军，使之达到现代化水平。其他兵种，我们也要在现有的基础上来努力建设，使之成为现代化的军队。为此，我们人民解放军的每一个干部，都要很好地学习毛泽东军事思想，学习我党建军的丰富经验，使我们的部队始终是一支坚强的、百战百胜的人民武装，光荣地担负起保卫国内和平建设与保卫世界和平的责任。"1951年4月，朱德在《八一杂志》创刊号上发表发刊词。他说：建设强大的正规化、现代化的国防军，在政治上必须服从共产党的领导，以马克思列宁主义、毛泽东思想把自己武装起来。1958年为纪念中国人民解放军建军31周年，朱德在《人民日报》发表《人民军队，人民战争》一文。文章指出：目前人民解放军的任务，就是在整风胜利的基础上，认真地学习马克思列宁主义，认真地学习毛泽东同志的思想和他的军事学说,贯彻执行党的正确的军事路线,解放思想,破除迷信,敢想、敢说、敢做,用群众路线的工作方法迅速地完成现代化的建设任务。

《八一杂志》创刊号

永远不要忘记这段光荣历史。在井冈山茨坪,有一座革命烈士纪念碑。它巍然矗立在茨坪的中心,记载着当地群众为中国人民的解放事业而英勇奋斗、流血牺牲的光辉业绩。石碑上有朱德的亲笔题词:"在井冈山斗争中牺牲的革命烈士们永垂不朽!"1962年3月,朱德回到阔别30多年的井冈山，特意去瞻仰了这座革命烈士纪念碑。江南三月，正是草木兴旺、繁荣似锦的时候，朱德迈着沉稳的步子，缓缓地走上山坡，伫立在纪念碑前，缅怀革命烈士的功绩。他站在台阶上，看着眼前郁郁葱葱的群山，心情异常激动："今天的江山是无数革命先烈的鲜血换来的，我们不能忘记他们！"春风吹拂朱德两鬓灰白的头发，他遥指远处的井冈山主峰，无限感慨地说："毛主席把马列主义和中国革命具体实践结合起来，在这里建立了我国第一革命根据地。从此，开启了以农村包围城市，最后夺取城市，取得全国革命胜利的道路。"他希望人们永远不要忘记这段光荣历史。

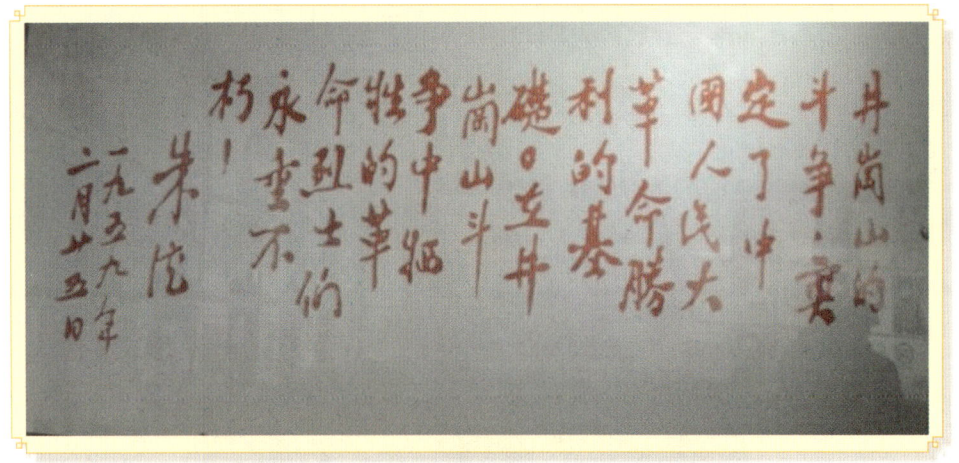

朱德题词

要认认真真学习好《毛泽东选集》四卷。 当井冈山人得知朱德要回革命老根据地视察时，欢欣雀跃，纷纷奔走相告。到达井冈山的第二天，当地负责同志恳请朱德给大家作报告，他笑着谦虚地说："我没啥可说的。我是来看看大家，离别井冈山有30多年啦！《毛泽东选集》

四卷不是已经发表了吗？你们要认认真真地学习好四卷，用四卷来指导各项工作。我再讲也不会像四卷讲得那样完整，那样深刻啊！"井冈山上的大井村，是当年朱德住过的地方。接待人员指着他当年住的那间房屋说："我们要好好休整一下，准备展出！"朱德诚恳地说："我住的房子不用恢复了，毛主席的旧居要好好整理，要宣传毛主席。"在参观井冈山历史博物馆时，接待人员指着闻名中外的"朱德的扁担"说："朱委员长，您的扁担在这里！"朱德深情地望了望那根扁担，随后说道："扁担不一定要放在这里，主要是放毛主席的东西。"

保存在井冈山革命博物馆的朱德的扁担

强调要深刻总结历史经验

毛泽东同志曾诙谐地说:"我是靠总结经验吃饭的。"战争年代,我军在每场战役后,总会及时总结,发扬优点、克服缺点,然后轻装上阵,乘胜前进,从胜利走向胜利。深刻总结历史经验,是我们回顾党的历史、学习党的历史的重要内容。朱德参加革命近70年,经历了旧民主主义革命、新民主主义革命、社会主义革命和建设几个历史时期,为中国人民解放事业和社会主义建设事业建立了不朽功勋,这与他注重从党的历史中总结经验是分不开的。

深刻总结党领导红军的斗争经验。1931年7月朱德在《怎样创造铁的红军》这篇著名讲话中就指出,要创造铁的红军就必须"无条件地在共产党领导之下",同时要了解中国革命现在的阶段和前途,全中国及全世界革命日益高涨的形势。1933年2月至3月,朱德和周恩来指挥红一方面军,在黄陂、东陂两地区,采取集中兵力在运动中各个歼灭敌人的方针,消灭敌人三个师,从而粉碎了敌人对中央革命根据地的第四次"围剿"。为了总结这次反"围剿"的历史经验,朱德专门写出了《黄陂东陂两次战役伟大胜利的经过与教训》等两篇文章对这一历史进行总结。1933年6月在《谈几个战术的基本原则》中指出:"'离开理论的实践,是盲目的实践;离开实践的理论,是空洞的理论。'这是苏联军事学校的一个标语,其意在使实践和理论融合起来。我们中国工农红军是从反帝、反封建的土地革命战争中产生出来的,确实有了不少的实践经验,可是因为环境关系,一般缺乏理论研究。"因此,他为了联

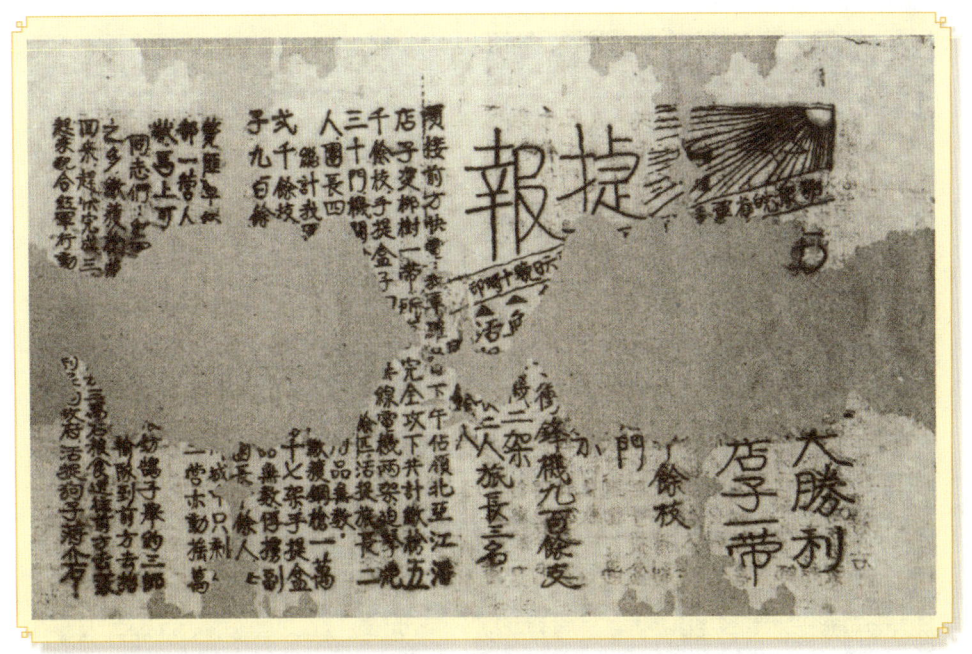

红军取得反"围剿"胜利的捷报

系实际战斗的经验来抓军事理论的研究,专门提出了"六个战术的基本原则"。

深刻总结党在领导抗战中的历史经验。1938年,朱德撰写了《论抗日游击战争》,特别强调一切战争都具备着政治的要素。他指出,每个抗日游击队的产生和发展,都是一部悲壮激烈、可歌可泣的史诗。一切战争,都具备着政治的要素,也可以说没有政治要素的战争是没有的。拥有现代化军队的日本帝国主义侵略劣势武装的中国,如果照唯武器论者的说法,日本帝国主义强盗是用不着对中国进行任何的政治战争,就可以奴役中国、灭亡中国了。由此看来,我们就可以得出一个明白的结论,即充分认识政治要素在战争中的重要地位。1939年7月,朱德专门撰写了《第八路军抗战的经验与教训》。他在该文中指出,八路军

 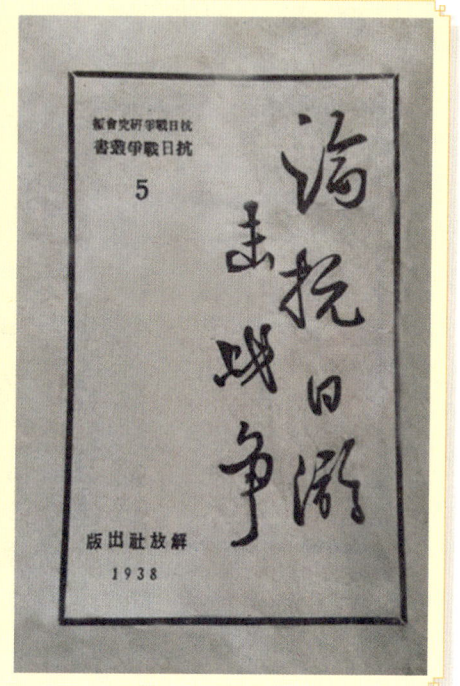

朱德《论抗日游击战争》

抗战两年以来,我们得到了一些什么经验教训呢?第一,凡是在党政军民团结一致的地方,我们就能胜利;凡是在发生摩擦的地方,我们就要遭受不必要的挫折。第二,凡是民众运动有成绩的地方,游击战争就能展开,抗战就能胜利地坚持;凡是在民运落后或受挫折的地方,抗战一定要遭受不必要的困难。第三,凡是采用灵活的战略战术的战役和战斗,我们大致就能胜利;凡是单纯防御或盲目进攻,就会遭受失败。事实完全证明,只有争取主动就能趋利避害的机动战才能置敌人于死命。

深刻总结党在民主革命时期的历史经验。1945年朱德在党的七大上的军事报告中,深刻总结党在民主革命时期的历史经验。朱德明确指出,解放区之所以日益壮大主要是坚持党的领导、坚持人民战争、坚持

朱德《第八路军抗战的经验与教训》

新民主主义政策。朱德指出，若问八路军、新四军和华南抗日纵队既缺乏武器，特别是缺乏新式武器，又无外援，并且遭受了国民党反动派的夹击，为什么解放区在极其残酷的战争中竟能日益壮大起来？毛泽东同志报告中关于"人民战争"的部分，就是回答了这个问题的。我在这里再稍为说一些经验。"总的经验何在呢？简单的同时又是明确的，就是解放区经过了我们党的领导，依据毛泽东同志人民战争的方针，实现了孙中山先生的革命三民主义，实现了新民主主义的政策，因此，实现了解放区的全民抗战总动员，实现了解放区的民主联合政府的建立，实现了解放区各阶级的大团结，也因此实现了抗战一元化的领导。如果没有这一切，就没有解放区全面的人民战争，而如果没有这种人民战争，也就没有了一切。"朱德又指出,在政治上,就是以实行民主政治和改善人民经济生活的方法,实现了全民总动员和巩固的民族团结,合千百万人之心为一心,同仇敌忾,造成人民战争的真正基础。没有真正的民主政治和对人民经济生活的改善,就不可能有人民战争,国民党统治区证明了这一方面。而解放区则证明了另一方面:实行了民主政治和对人民经济生活作了改善,就必能实行人民战争。

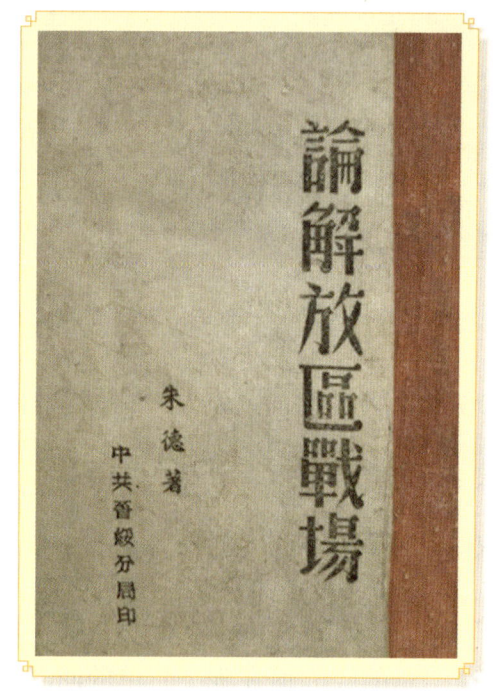

朱德《论解放区战场》珍贵版本

认真总结土地改革的经验教训。1947年朱德《在全国土地会议开幕式的讲话》中强调,必须认真总结土地改革的经验教训。朱德回顾说,我们党已经有26年的历史,党领导和实行土地革命以来有十几年了,在这方面积累了不少经验,再加上一年多来的土地改革,经验就更丰富了。我们召开这次会议，是为了把各地的经验总结和交流一下，制订出更完善的政策，然后把它贯彻下去，使土地改革彻底完成。这次会议还要总结过去土改的经验教训。朱德分析指出，土地革命时期，我们曾犯过"左"的错误，提出地主不分田，富农分坏田，这样，做起来就容易变成从肉体上消灭地主富农，结果等于把地主富农赶到国民党那里去。以后再来一个查田运动，搞得更"左"一些，把富农搞得也差不多了。这个时期有许多同志经历过，我想同志们回溯一下是有好处的。在抗战期间实行减租减息政策以及后来制订"五四指示"的过程中，中央一直是很重视这个经验教训的。在"五四指示"中就明确规定要给地主留下维持生活所必需的土地。现在土改中"左"的和右的偏向，许多地方都有，这就需要我们认真总结十几年来许多宝贵的经验教训，用以指导全国的土地改革运动。

实地座谈总结解放石家庄的经验。1947年解放石家庄后，朱德来到束鹿县东小庄村，参加由晋察冀野战军政治部召开的总结石家庄战役经验的座谈会。他在会上强调："必须极大地注意学习阵地攻击战术，这是我军建军以来经过三次革命战争的新课题，它意味着中国革命战争已经跨入一个新阶段。打下石家庄，只是上了第一课，而更大的课题、更艰巨的实践还在后面。"11月下旬，朱德再次来到野战军，在晋县侯城村召集参加攻打石家庄的50多位指战员，座谈总结这次战役的经验教训。参加座谈会的，有野战军司令员杨得志等，更多的是来自战斗第一线的连长、连指导员、排长和班长。座谈会开了三天，朱德亲自口问手记，同大家切磋研讨，既总结攻坚战斗的具体经验，又从政治思想上进行启发教育。当时代替黄华（因去参加土改工作）担任朱德秘书工作的何其芳回忆说："汇报和谈话都是在总司令住的一间普通大小的屋子里进行，而且一个长炕占据了屋子的相当一部分面积，所以每次都是多则八九个人，少则五六个人来。总司令总是和蔼地亲切地面对他们坐着，注意地仔细地听他们谈。他们每批人汇报完了以后，总司令总是对他们讲一段或长或短的话。这些情景、这些场面、这些讲话，都异常感动人。"座谈会后，12月1日上午，朱德在侯城村对晋察冀野战军团以上干部做了长篇讲话，即《打下石家庄的意义和经验教训》。他先讲了形势，接着分析了打石家庄的经验，主要是：有了充分的准备；动员工作做得好，在战斗中发扬民主；讲究战术，做到了勇敢加技术；利用政治瓦解，善于利用俘虏，等等。勇敢加技术，可以多消灭敌人，自己伤亡小。12月4日夜里，朱德驱车来到硝烟还没有散尽的石家庄，第二天一早，冒着大雾视察了这座刚刚解放的城市，特别是城市中的重要工厂。他参观了炼焦厂、大兴纱厂等，听取了市领导对石家庄工业和经济等情况的汇报，并就汇报中提出的问题发表了意见。夜幕降临后，他离开石家庄回到中央工委所在地西柏坡村。朱德总结的关于解放石家庄的经验和报告，得到毛泽东同志和党中央的高度重视，为此后解放其他大城市提供了有益的借鉴和指导。

新中国成立后更加重视回顾和总结历史经验。新中国成立后，朱德年事已高，但他敏锐地感到中国社会主义建设要比民主革命更为复杂、更为漫长，探索任务更加艰巨，他更加重视回顾和总结历史经验，提出建设性的意见建议。为此，他每年都利用2—3个月或更多时间到全国各地视察，对国民经济的各领域进行调查研究，提出中肯意见。从1951年至1966年，他向党中央提交了108份反映各行各业实际情况的调研报告，其中有98份报告是他亲自主持起草的，其中包含许多符合实际情况的真知灼见。1965年12月，朱德在第三届全国人大常委会第24次会议上指出："建设社会主义的根本目的是为了改善人民的生活"，过去我们是学习苏联经验，现在"我们要在毛主席的领导下，建设中国式的社会主义"。中国搞社会主义建设，既要向外国学习，又不能照抄照搬，更不能"夜郎自大""闭关自守"，要搞好内外交流，应该让农民致富，群众生活越富越好。关于这一点，《关于建国以来党的若干历史问题的决议》中指出，"朱德同志提出了要注意发展手工业和农业多种经营的观点"，是社会主义建设经验的总结，意义重大。

要尊重历史、尊重人民

历史唯物主义观点认为，人民是历史的创造者，人民是真正的英雄。从1921年到2021年，中国共产党走过了整整一百年的历程。争取民族独立、人民解放和实现国家富强、人民幸福，是中国共产党百年历史的主题和主线。学习党史，就要做到尊重历史、尊重人民。1956年2月苏共二十大在社会主义阵营引起极大震动和思想混乱。同年夏，朱德同中国人民大学校长吴玉章谈论党史，朱德说："党史很重要啊，我看《联共党史简明教程》那本书，还是写得很好！"而那时正是赫鲁晓夫、米高扬一伙竭力贬低该书的时候，充分表现了朱德对历史的尊重。同样，对中国共产党历史，朱德也强调要尊重历史、尊重人民。

1949年出版的《联共党史简明教程》

韩荆州就在工农兵当中。1942年5月,毛泽东主持的延安文艺工作者座谈会开幕,朱德参加了这次座谈会。毛泽东在座谈会上首先发言,发言内容就是后来发表的《在延安文艺座谈会上的讲话》的引言部分。朱德也发了言。他热情歌颂中国共产党和在党领导下的八路军、新四军的伟大功绩,勉励大家创作更多更好的文艺作品为工农兵服务;同时，批评了当时延安文艺界存在的一些错误思想。有一位作家自视太高，瞧不起工农兵群众，宣称自己不但要做中国的第一个作家，而且还要做世界的第一个作家。针对这种思想，朱德指出：一个人不要眼睛长得太高，要看得起工农兵；中国第一也好，世界第一也好，都不是自封的，都要由工农兵批准才行！有的作家感到在延安怀才不遇，没有受到更大的重视，借用唐朝著名诗人李白的两句话来发泄不满说："生不用封万户侯，但愿一识韩荆州"，意思是说在延安这个地方没有知人善任的韩荆州。朱德批评说：你到哪里去找韩荆州？在我们这个时代，韩荆州就在工农兵当中，只有到工农兵群众中去，才能结识许许多多的韩荆州。还有些作家不愿写歌颂八路军、新四军的作品，朱德说：八路军和新四军为了国家民族流血牺牲，有功又有德，为什么不应该歌颂？在这次文艺座谈会上还发生了革命作家要不要经过思想转变的争论。朱德说：哪里不要转变啊！岂但转变，我说就是投降！并且举自己的经历作为例子说：我原来不是无产阶级，因为无产阶级代表的是真理，我就投降了无产阶级。我投降无产阶级并不是想来当总司令的，我只是为无产阶级打仗，拼命做事。还有些作家嫌延安的生活太苦，朱德针对他们的这种思想状况语重心长地说：现在延安的生活比起我们从前过雪山、草地的时候，已经是天堂了。外面大城市吃的、住的、穿的东西比延安好；但是，那里再好，是人家的；延安的东西再不好，是我们自己的啊！朱德的这次讲话，在延安文艺工作者中引起很大的震动，对于今天的文艺创作仍有指导意义。

《人民日报》刊载朱德《加强党的纪律检查工作》一文

我们共产党离开人民则一事无成。1950年5月6日朱德在《加强党的纪律检查工作》中指出:"要知道,天下是不能由少数人去包打的,历史上从来没有过一个脱离了群众而能把天下包打下来的人物。如果你认为自己很了不起，本事很大，大到可以不要群众就能把天下打下来，那你不妨试试看，看你能弄个什么结果出来？我看结果不会有旁的，只能有一个：群众必然会把你抛弃掉。"1955年4月9日，朱德在西北历史问题座谈会上发言：我们打天下靠什么？靠工人、农民。如果光靠几个领袖，哪会成功？打了胜仗，功劳是谁的呢？是红军的，所有的红军。包括牺牲了的和还活着的。如果有人要把这个账算在我身上，我就把它推出去，上面推给党，下面推给将士。1965年，朱德看完一本记叙唐太宗李世民的影印话本，觉得很有启发。于是，他又把《唐书》《资治通鉴》和《隋唐佳话》等书找来，翻阅其中有关李世民生平的记述和评论。经过一番研究，朱德颇有感触地对人说："李世民告诉他儿子李治说，百姓就像水一样，水能载舟航行，也能覆舟落水。这仍然是把人民群众和统治阶级的关系看作是对立的'水'和'舟'的关系，'载'与'覆'的关系。而我们共产党和人民的关系，却是鱼和水的关系。这样一比较，李世民的观点当然要落后一千多年了。但是，李世民能够看出人民群众有'载'与'覆'的力量，也算是个进步。"朱德通过长期的革命斗争实践，深深地懂得群众观点和群众路线是党的三大法宝之一，须臾不可离。朱德经常嘱咐省委和地委的领导同志要经常下去跑跑，他不厌其烦地说："我们是共产党、毛主席领导的人民政府，要经常关心人民，注意改善人民生活。毛主席思想就是依靠人民的思想，我们共产党离开人民则一事无成！"

千万不要忘记别人的功劳。1954年5月14日，在解放军铁道兵第三次庆功大会上讲话，朱德特别强调要发扬集体英雄主义精神。他指

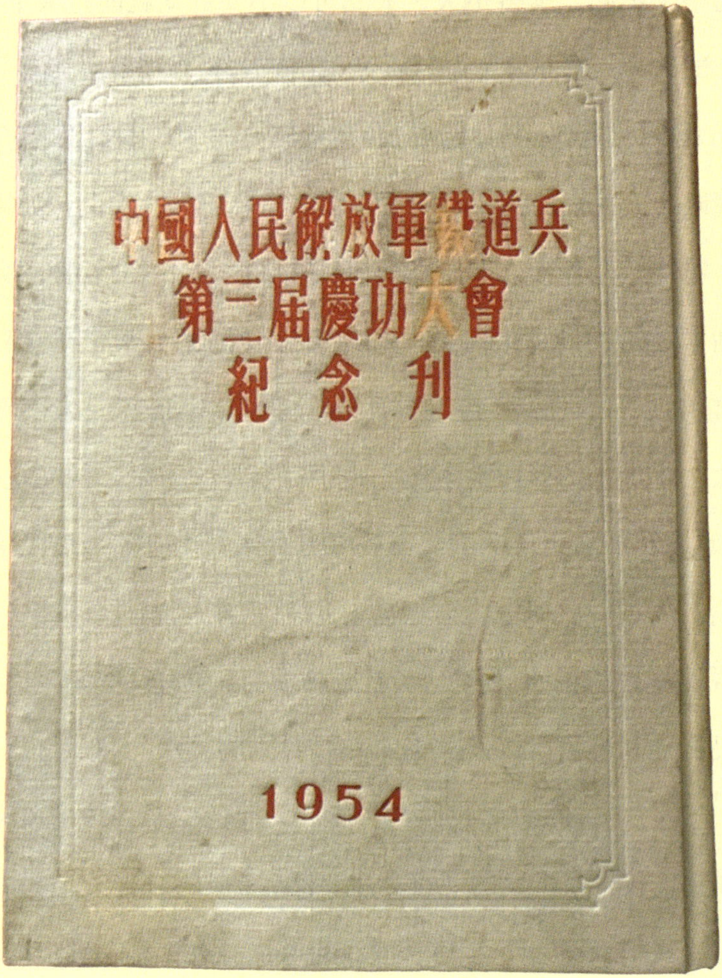

1954年出版的《中国人民解放军铁道兵第三届庆功大会纪念刊》

出：我们军队里有千千万万的英雄和模范，这些英雄和模范体现的是集体英雄主义，而不是个人英雄主义。个人英雄主义是我们要反对的。世界上没有一个人离开了群众的支持能够做出什么事情来的。历史的伪造者所宣传的那些脱离群众的"伟大的英雄"，都不过是骗人的谎话，事实上并不存在。古时候有一些人崇拜那些"英雄"，那是因为他们受了剥削阶级的蒙骗，不大了解这个真理。我们的英雄同那些"英雄"不一样，我们的英雄、模范都是依靠集体的力量和广大群众的力量完成了任务，才成为英雄、模范的。你们当了英雄、模范以后，千万不要忘记别人的功劳。假如忘记了别人的功劳，把所有的功劳都记在自己账上，就会骄傲起来，走到个人英雄主义的错误道路上去。这篇讲话以《在铁道兵第三次庆功大会上的讲话》为题编入《朱德选集》。

根据地的人民是有功之臣。 1966年夏初的一天，去晋东南乡下搞"四清"的朱敏返回北京，汇报自己半年来在农村的生活和工作情况。朱敏心情激动地谈到，她专程去王家峪等地，看望了当年的老村长、支书、武装主任，以及柳沟八路军兵工厂的老工人，向他们转达了朱德的问候。每到一处，乡亲们都向她讲述当年朱德率领子弟兵浴血奋战，打击和消灭日寇的故事，使她深受教育。朱敏还把她和当地老乡的照片拿出来让父亲看。朱德打量着变得又黑又红的女儿，微笑着说："很好。可惜时间短了些。这只是开始，你以后应该多去农村走走。"说着，他戴起老花镜端详着照片，一下子就认出了当年的妇联主任赵子平。朱德用手指着照片上的人，兴奋地说："这不是赵子平吗？老了！她今年有七十岁了吧？"朱敏对父亲的记忆力感到吃惊，连忙应道："是啊！七十一岁了。她精神、身体都挺好，以前的事情还记得。"朱德望着照片，不住地点头，很带感情地说："根据地的人民是有功之臣，功劳是他们的。"

历史就是历史，是非自有公论。 1969年国庆节，朱德的儿媳赵力平回北京探亲。自从"文化大革命"开始之后，她还一直没有回过家。

当时社会上的一些流言蜚语，使她感到困惑不安，所以见到朱德就急不可待地问道："爸爸，过去我们学党史，讲的是毛主席和您在井冈山会师。现在有人却说是林彪，这是怎么回事？"朱德沉默了一会，抬头望着年轻的儿媳，态度十分严肃地说："井冈山会师，那是历史，历史就是历史，谁也篡改不了！你们要相信毛主席，以后事情会弄明白的。"还有一次，是在北戴河，一位抗日战争时期参加革命的老同志问朱德："小时候我们就知道毛主席和朱总司令在井冈山会师，怎么现在又忽然冒出个林彪来呢？""那个时候，林彪也在井冈山，大概是个连长吧。"朱德平静地说，"不过，不应该说是他去会师的。""人家那么胡说，老总怎么不吭气呢？"这位老同志愤愤不平。朱德微微一笑，坦然地说："叫我说什么呢？历史就是历史，是非自有公论。这些事全国人民都知道，世界上不少人也知道，你不是也知道吗，我还讲它干什么？"

强调要重视党领导的军队历史

朱德参加南昌起义时，是南下部队的开路先锋，"三河坝分兵"后，他负责指挥起义殿后部队，最后担负收拢失败后四散撤退的起义部队坚持斗争，与毛泽东在井冈山胜利会师，开创了井冈山革命根据地。在反"围剿"斗争、长征、抗日战争、解放战争过程中，发挥了举足轻重的作用。学习党史，朱德非常重视总结和研究党领导的人民军队的历史。

坚决执行党指挥枪的原则。1944年，在延安组织编写红军一军团史座谈会上，朱德特意谈到了《古田会议决议》形成的背景及其在我党建军历史上的重大意义："关于如何建军，在闽西，当时红四军内部曾发生过争论，表现在四军第七次和第八次党代表大会上。争论点为：军队已发展到一个新规模，需要有一套新办法，就像红四军第九次党代表大会上所通过的那样的一套新办法，才能进一步建设无产阶级的新的军队"。古田会议前后，朱德与毛泽东推心置腹地探讨人民军队建设问题，他诚恳地表示"对过去的那些我收回"，以高度的革命自觉，拥护党的决议，坚决执行党指挥枪的原则。

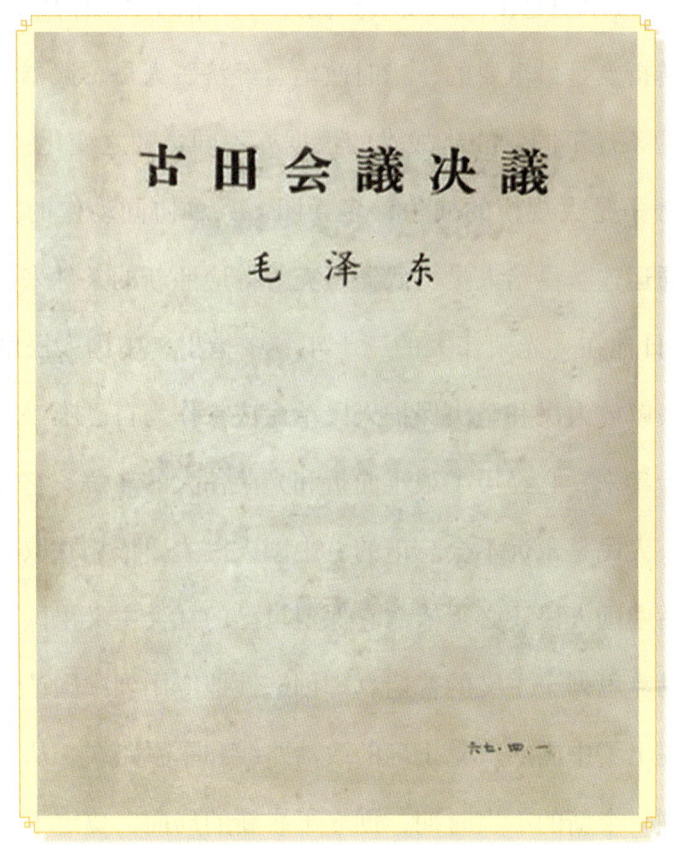

毛泽东《古田会议决议》

重视总结和研究党的武装斗争历史和人民军队的历史。收入《朱德选集》的《在编写红军一军团史座谈会上的讲话》《光荣伟大的三十年》《从南昌起义到上井冈山》等文献，就是这方面的光辉写照。1953年4月，朱德还草拟在编写军史会议上讲话提纲，主要内容包括：（一）红军史是一部阶级斗争史；（二）红军是工人农民革命的军队，是人民民族的军队；（三）红军是共产党领导的指挥的组织的军队；（四）红军是执行统一战线、反帝反封建反官僚资本主义的军队，要进行土地革命，夺得全国政权；（五）战史也要写给被压迫民族及人民要革命的人来看；（六）战争史是由国内发展到国外与美帝国主义作战史；（七）每个阶段的转折点是最重要的，当时政治、经济、人员、武器、交通、运输、供给的条件不同，战略战术的根据亦不同，随之变化；（八）要阐明将来的战争是大规模的战争，多兵团多兵种协同动作的方面军的战争，其交通运输、供给人员、武器补充等等应照新的条件来办事。1957年7月31日他在《光荣伟大的三十年》中指出，中国人民解放军，是一支以彻底解放人民和坚决保护人民革命成果作为自己唯一宗旨的武装力量。三十年来，它经历了艰难曲折和光荣伟大的斗争。它为人民出了力立了功，人民是永远不会忘记的。中国人民主要依靠它取得了革命的胜利，今后中国人民还必须依靠它保卫自己的社会主义祖国。……毛泽东同志把马克思列宁主义的普遍真理创造性地应用到中国革命的具体实践中来，提出了中国共产党正确的政治路线和军事路线。从此，把中国革命推进到一个新的历史时期，创立了崭新的局面，奠定了革命胜利的基础。三十年来，中国人民解放军经过了各种曲折，但是终于在这个路线的指导下，由小到大，由弱到强，不断地获得了胜利和发展。

研究党的军史，应当从这个老根上研究起。 在研究党的军史时，朱德有一个明确的思想，就是要从"老根"上研究起。即从大革命时期，我党所领导的军事斗争开始研究起。正如朱德指出："大革命时期，我们党中央就组织了军委，苏联给中国派来了军事顾问。国民党在我们党的支持下，创办了黄埔军官学校，建立了国民革命军，改造旧军队。在北伐战争开始时，国民革命军在广东已有六个军。大批共产党员被派到军校和军队中去做政治工作，有的部队从连到军都有共产党员担任党代表。这就是说，我们党从那个时候起，就开始注意军事工作，就开始在军队中建立革命的政治工作，就开始注意到了武力和人民相结合、革命的武装斗争和群众斗争相结合。正因为如此，才有了北伐战争的迅猛发展和巨大胜利。这不是偶然的，是由于我们党有马克思列宁主义的理论指导和有当时的苏联红军作榜样。虽然那时党对掌握革命武装还没有经验，还没有引起足够的重视，但是这个问题事实上已经接触到了，这件事已经着手做了。因此研究党的军史，应当从这个老根上研究起。"

朱德是南昌起义的领导人之一，但谈及南昌起义，他总是以历史唯物主义的态度，实事求是地肯定我党在大革命中所做的军事工作，告诉人们不要忘记人民军队得以创建和发展的"老根"。他说："谈南昌起义，要先回溯一下第一次国内革命战争的历史。"在谈到红一军团的来源时，他又指出该军团的"老根"始于1925年广东革命政府改组，由共产党派叶挺同志成立独立团的这一历史渊源。朱德同志高度评价说："大革命时代，许多进行军事运动的同志，当时中央军委的负责人周恩来、聂荣臻、李富春等同志，以及党所举办的秘密军事训练班的同志，对我军的创建是有功劳的。没有他们所进行的军事运动，就不能有独立团，就不能有南昌、秋收、广州、湘南等起义。"朱德提醒我们，要注意从"老根"上研究党的军史，为的是使人们更全面、更深刻地了解党的军史，了解我们党和军队所走过的艰难曲折的道路。

南昌起义旧址

要搞清楚历史真相。1962年3月，朱德到井冈山革命博物馆参观。当陪同人员问"朱毛会师"到底是在哪里会师时，朱德回答说：会师地点在砻市。红军会师，使三省暴动力量集合于井冈山。看到红军"三打永新"的展出部分，他还提建议说：三次打永新的材料应再充实点。三打永新消灭了朱培德的主力，消灭杨池生、杨如轩两个师。朱培德的主力被打垮后，国民党其他军队就不敢配合了。三打永新的胜利是一个关键，是根据地发展和红军发展的关键，与后来红军取得胜利有关，井冈山一、二、三次反"会剿"取得胜利与三打永新有关。参观完陈列室，朱德与博物馆人员座谈，就井冈山斗争时期的有关史实作了补充和说明。并说：写井冈山历史，湘南暴动这方面也要写，这样就比较全面。又讲：1929年主力红军离开井冈山后，留在湘赣边的地方武装，在原有基础上，又成立了红二十军，以后改为红六军团，负责保卫湘赣和湘西革命根据地。我们和毛主席转战赣南、闽西，创建了中央革命根据地。这对红军的发展起了很大的作用。这一段情况你们要搞清楚。

要纪念革命烈士，教育子孙后代。1958年7月11日，朱德在西宁市郊区视察途中，听市委负责人讲述1937年初西路军失败后，有数千红军男女战士在西宁惨遭军阀马步芳残酷迫害，先后有一千六百余人被成批杀害、活埋的情况，心情沉痛，指示说：应将马步芳如何杀害红军的罪恶记下来，让子孙后代都知道；要把牺牲同志的情况查清楚，记下来，要纪念革命烈士，教育子孙后代；要把失散后活下来的同志调查登记起来，如没有重大叛变行为，都应该承认他们是红军，生活上给予照顾，安排适当工作。当晚，在宾馆用毛笔写下"革命烈士永垂不朽"八个字。

强调要传承优良传统和作风

中国共产党在长期革命斗争中形成了许多光荣传统和优良作风。比如对党忠诚、理论联系实际、密切联系群众、开展批评和自我批评、敢于斗争、艰苦奋斗，等等。不论过去、现在还是将来，党的光荣传统和优良作风都是激励我们不畏艰难、勇往直前的宝贵精神财富。学习党史很重要的目的和意义就在于要传承和弘扬好党的优良传统和作风。桃李不言，下自成蹊。学习党史，朱德很重视传承优良传统和作风，而且他本身就有很多体现优良传统和作风的故事。

做任何事情总要从实际出发。1941年9月至10月，中共中央政治局举行扩大会议，检讨党在历史上特别是土地革命时期的政治路线问题。会议着重批判从中共六届四中全会到遵义会议这一段历史上所犯的"左"倾机会主义错误。会议第二天，朱德发言批判了主观主义和宗派主义。他指出：过去上级党组织要求红军攻打中心城市，要求打长沙、打袁州、打赣州、打黄陂等，都是主观主义的表现。他特别提到，当时受中共中央完全信任、由共产国际派来的军事顾问李德来到中央革命根据地后，完全不顾红军的传统和组织系统，独断地组织红军乱打一气。他不是以老部队为基础扩大红军，而是随便组织新部队，所谓扩大百万红军，这些新部队不能打仗，长征时，大多在路上散掉了。他批评说：长征是一种搬家式的长征。长征前期，李德只是领着部队沿途逃跑，不敢同湖南军队打。他强调，不切合实际的理论，便是不正确的理论。做什么事情总要从实际出发，就是战斗条令也要根据战场情况灵活运用，不顾实际是不能正确解决问题的。对比遵义会议前后的历史，就更能深刻体会理论联系实际、一切从实际出发的深刻内涵和重要意义，就更能自觉地继承和弘扬理论联系实际、一切从实际出发的优良传统。

实事求是地向党交心。整风运动后期，在开展抢救运动时，情况逐渐变得很不正常。很多从国民党统治区或沦陷区来延安参加革命的人，被怀疑为"失足者"或"内奸分子"。这时，朱德根据"首长负责，亲自动手"的精神，领导军委系统的整风审干工作。当"抢救运动"在延安各单位盛行，普遍发生乱批、乱斗、乱打人的情况时，他强调对人的处理要慎重，要严肃、认真、稳重、严格地掌握党的政策，不错批、错斗一个好人。当时，军委系统中有一些人看到其他单位搞得轰轰烈烈，也跃跃欲试。军委机关有一个高级参谋室，成员大多是原国民党部队的高级将领，后来到延安投身革命，很多人历史复杂，人们自然把眼睛盯上了他们。有一个高级参谋名叫白天，曾在国民党部队中担任过参谋长，更是引人注目。有人怀疑他是混进来的军统特务，提出要批斗他。朱德派人了解白天的全部历史，认为这种怀疑没有根据，不同意进行批斗。他指示高参室的领导人一定要好好掌握党的政策，不能乱来。这时，几个高参精神上都感到压力很大，对写自传更是顾虑重重。朱德找他们谈心，勉励他们消除顾虑，实事求是地向党交心。受到一部分人严重怀疑的那个白天，不仅思想负担很重，而且也感到很委屈，写了三首诗贴在自己住的窑洞门口，表示自己投靠共产党是为了革命，不是为了当官，也不是特务。朱德看后，和了他三首诗，表示欢迎他投身革命。白天看到朱德信任他，关怀他，原有的顾虑和委屈情绪就消除了大半，重新调动起工作积极性。别人看到朱总司令对白天采取这种态度，也不再提批斗的事了。据有的老同志回忆，由于朱德的领导，在当时"抢救运动"盛极一时的情况下，军委机关的"抢救运动"只搞了一个晚上。这段历史成为整风运动的佳话，也反映了党史的主流本质，反映了党的优良传统和作风。

党的团结是决定革命胜利最主要的关键。整风运动中，朱德曾谈到1936年9月在甘南同张国焘的斗争。张国焘独断专行，硬说党委会委员要服从书记，也就是西北局委员要服从他张国焘。朱德针锋相对地提出，书记要服从委员会的决议，否则书记便要取消资格。他说，这是组织原则问题，他就是用这个原则说服大家，同张国焘斗争。在朱德等人不断斗争下，张国焘最终同意北上，也有力维护了党和红军的团结和统一。1954年2月，朱德出席在北京召开的七届四中全会。会议通过了《关于增强党的团结的决议》。6日，朱德在会上发言：党的团结，特别是党的中央委员会、省市委以上的负责同志和武装部队高级负责同志之间的团结，是决定革命胜利最主要的关键。历史一再证明：当党在政治上、思想上、组织上都团结一致的时候，党的政治领导作用就能充分地得到发挥，革命事业就大大地向前发展；反之，党的政治领导的作用就削弱，革命事业的发展就受到损失，受到挫折，以至于失败。我们大家应当在《关于增强党的团结的决议》的指引下，提高我们的阶级觉悟，消除那些不健康的现象，进一步提高和巩固中央的威信，增强党的集体领导作用，增强党的团结。朱德同志敢于斗争、维护党的团结的历史本身就是党的优良传统和作风的重要体现。

1954年出版的《关于增强党的团结的决议》

把那个陈列馆办成学校。四川仪陇县委曾请朱德参观在他的旧居举办的陈列。土改时，仪陇县曾计划修建朱德同志革命纪念馆，向中共川北区党委请示。朱德知道后，从北京打电话给川北区党委，要求他们立即转告仪陇县委：纪念馆不要修。农民世世代代生活在那个地方，不能让他们迁走。要把那些土地分给农民耕种，以利于发展生产。1959年，因为来访的中外宾客很多，仪陇县将朱德父母住过的几间瓦房修整好，建立起朱德同志旧居陈列馆，还陈列着朱德少年时代用过的劳动工具和学习用具。朱德看完后说:"不要搞这个了。在这里办所学校，节省开支，让娃娃们念书。你们看现在就改好不好？"事后，他又几次给省委、地委打电话，再三叮嘱：把那个陈列馆办成学校。以后仪陇县委书记到北京，朱德见面后又问："学校办起来没有？"县委书记告诉他办了一个班。朱德说："太少了，多办几个班嘛！"县委书记解释道：天天有人来参观访问，得留几间房子陈列展品。朱德坚持说："琳琅寨那个陈列馆，请保留我的意见。"朱德是党和国家领导人，对党的历史、军队历史很珍视，但始终把自己视为劳动人民的普通一员，充分表现了崇高品德和务实为民情怀。朱德的宽和忍让、纯朴谦逊、忠厚绵长，也令毛泽东赞誉有加，称赞他"度量如大海，意志坚如钢"，是"人民的光荣"。

邓小平与党史学习

邓小平

邓小平非常重视学习中国共产党历史、研究中国共产党历史。他从历史唯物主义和辩证唯物主义的立场出发，就为什么要学习、总结和研究党史，怎样学习、评价和研究党史，学习党史从哪儿入手，哪些人要学习党史等问题发表过许多重要论述，并多次回忆和评价党史中的重大事件、重要会议、重要人物，明确了党史学习的重要意义、学习的方法和思路、学习的重点、需重点关注的人群等。

"了解自己的历史很重要"

作为党的第一代中央领导集体重要成员和第二代中央领导集体核心的邓小平,历来关心和重视学习、总结和研究中国共产党历史。他认为"了解自己的历史很重要",提出怎样研究党的历史是"一个很严重的问题",他坚持用深远的历史眼光去研究总结经验教训。

以史为鉴,从中汲取智慧和力量。中国共产党一路走来的艰辛历程中,既有顺境和成功,也有曲折和错误。邓小平指出,历史上成功的经验是宝贵财富,错误的经验、失败的经验也是宝贵财富。

解放战争开始时,战争基本上是在解放区打,当时敌强我弱,解放军依托根据地作战,极大消耗了国民党军的实力。但是,长期的内线作战也拖垮了解放区,经济形势非常严峻,尤其"陕北情况甚为困难"。所以,从内线作战转到外线作战,将战争引到国民党统治区去,已成为必然。1947年夏,刘邓大军奉令离开鲁西南老区,千里跃进大别山;原在太岳根据地的部队也转出来。由于没有后方,没有补给,没有群众基础,大家都吃了不少苦头。有些人免不了抱怨和牢骚,还有人质疑我们从防御转为反攻是不是有点早,多在老区坚持一些时间会不会好一点。邓小平意识到,这种想法在部队中很有代表性,要及时给大家做思想工作。1948年4月,他在豫陕鄂前委和后委联席会议上作报告,说如果有同志参加过十年苏维埃时期的内战,就会知道第五次"围剿"时蒋介石把我们包围在苏区,我们坚持阵地战,结果导致反"围剿"失败,被迫长征。邓小平一眼看穿蒋介石这次"又想用这个办法对付我们",把我们扭在解放区打,他提醒大家认清蒋介石的图谋,不要再犯同样的错误。邓小平鼓励大家:真正的英雄,就是要克服困难,准备吃苦,并说这是革命坚决不坚决的问题。经过一番教育,大家思想上的疙瘩解开了,很快就在大别山区站稳脚跟,牵制了敌人兵力,减轻了党中央在陕北的压力,拉开了解放战争战略进攻的序幕。

刘邓大军千里跃进大别山

同样在这一时期,邓小平得知在新解放区土地改革的过程中,一些地方犯了急性病,过早实行土改,把小地主和富农的浮财、土地都分了,把一批可能联合或中立的力量赶到国民党那儿去了,给我们自己造成了孤立。他痛心地说我们"忘记了抗日时期的宝贵经验",造成打击面大,树敌较多。他及时制止了这些做法,并充分利用抗日时期的经验,指导新解放区实行减租减息等政策,最大程序地团结各阶层人民,巩固了新解放区。

邓小平主政大西南期间，考虑到建国初期党员队伍迅速扩大，绝大部分党员没有遭受到革命挫折，思想政治教育开展不及时，对于党的历史和指导思想没有深刻认识等情况，认为有必要对党员进行党史教育。1951年6月，他在西南局纪念建党30周年大会上指出，党的前六年大体是正确的，"但到一九二六年发生了陈独秀的右倾机会主义，以小资产阶级的思想领导党和革命。当时毛泽东同志曾经反对陈独秀的机会主义，但陈独秀看不到蓬勃兴起的农民运动，不敢领导广大的农民进行革命，却只看到了上层人物与敌人的进攻，而在革命的紧急关头动摇了，使革命遭受挫折。随后毛泽东同志发表的《湖南农民运动考察报告》即代表了革命的正确方向。正是由于毛泽东同志的正确，才使中国革命在受到挫折后又走上正确的方向。继后是十年的农民革命战争，或称土地革命战争。在此之间又有李立三'左'倾机会主义路线，接着又是教条主义统治我党四五年，致使白区的党组织损失百分之百，苏区损失十分之九。当时毛泽东同志未居于领导地位，正确的方向未能得到坚持，而教条主义以马列主义的词句作外衣，迷惑了许多党员，致使党受到很大损失。"这些教训在党的历史上是沉痛的，他强调，"中国共产党三十年的经验证明，不将马列主义与中国实践相结合的时候，中国革命就遭受挫折，就受到重大损失。"他告诫大家要坚持马列主义及与中国实际相结合诞生的毛泽东思想的指导。作为老党员，邓小平深知坚持正确指导思想的重要性，而毛泽东思想作为实践已经证明了的科学的指导思想，应该成为我们一切行动的指南。

邓小平与党史学习

主政大西南时期的邓小平

1987年5月,邓小平会见荷兰首相时讲了我们党的历史。为什么讲这个历史呢,邓小平解释说,"因为我们现在的路线、方针、政策是在总结了成功时期的经验、失败时期的经验和遭受挫折时期的经验后制定的。"我们的任何方针政策都不是凭空想象出来的,历史就是我们的财富宝库,给我们提供源源不断的思考和启示。过去的成功是我们的财富,过去的错误也是我们的财富。邓小平认为在总结过去经验教训的基础上来制定方针政策,基础是最可靠的。事实证明,这种吸取正反两方面经验的做法,确使我们制定的路线、方针、政策更有针对性,更为牢靠。

以史为鉴,时刻保持头脑清醒,看清楚要走的路。在中国共产党创建、壮大、成熟、发展的不同阶段,总有一部分人头脑发热,暴露出一些思想问题,出现不正确的思想认识,影响党和部队的斗志,影响完成中央赋予的任务。邓小平总是拿出我们党的历史来教育他们,对错误的思想认识进行批驳,引导他们走上正确道路。

由于长期以来党员队伍中农民占很大比例,且中高级干部中知识分子较多,一些同志就认为中国共产党是知识分子的党或农民的党。1951年6月,邓小平在西南局纪念建党30周年大会上,针对这种错误认识,强调指出中国共产党是工人阶级的政党,"党内还有一些党员不知道这一点,""这是由于他们不懂党的历史,缺少马列主义的思想。"他详细分析了知识分子和农民的局限性,"历史上中国农民几千年来经过无数次的斗争,都没有获得成功,这正是由于农民是分散的小生产者,缺乏纪律性与组织性,对革命在认识上存在着局限性和一定程度的动摇性。"小资产阶级知识分子也有一定程度的动摇性。"党内的'左'倾、右倾机会主义,即是由于小资产阶级意识侵入党内的反映。不能设想,一个由小资产阶级知识分子领导的、时而'左'时而右的政党能领导革命走向胜利。不错,党的有些领导者确实出身于小资产阶级知识分子,但是他们都是用马克思列宁主义思想彻底改造过的知识分子,知识分子没有经过这样的改头换面、革面洗心,既不可能是一个好党员,更不可能担当起领导革命的责任。"邓小平充分说明了知识分子和农民不能担当起领导革命的责任,强调指出工人阶级是最彻底与最先进的阶级,代表了人民的光明与前途,共产党则是这一阶级最觉悟与有组织的部分,"三十年的斗争历史证明了",正是由于工人阶级的政党的领导,才使中国革命走上了胜利的道路。邓小平短短几段话,把深奥的理论问题变为朴素的道理,广大干部和群众易于理解和接受,既学习了党史知

识,又撇清了错误认识。

主政大西南期间,针对一些党员干部不理解革命胜利后仍要坚持和发展统一战线,甚至发生排斥党外人士的情况,邓小平语重心长地说,从历史来看,党中央、毛主席对统战工作一直很重视,做得很精心。我们的胜利,一方面是靠枪杆子打出来的,另一方面也和统战工作分不开。他讲了长征时期、抗战时期、解放战争中、抗美援朝时我党所作的统战工作,指出"在历史上,统一战线是决定革命胜利的三大因素之一。没有统一战线工作,任何一件事情都是办不好的。"他要求每个干部、每个党员都要高度重视统战工作,纠正思想认识上的误区,丢掉关门主义。正是在邓小平的谆谆教导下,西南局统战工作顺利开展起来。

针对成为执政党后,一些干部自以为是先进分子,是领导,骄傲蛮横,沾染上官僚主义的习气,开始脱离实际和脱离群众,邓小平认为这部分人是主观主义者,是我们党面临的新考验。在中共八大做修改党章的报告时,他告诫全党,"在我们党的历史上,这种主观主义者给我们党的损失,给中国革命和中国人民的损失,是不可胜数的。"历史上党内的主观主义者不从实际出发,不依靠群众,拍脑门决策,自作聪明,一意孤行,将失败和错误归结于群众和其他因素,从不反省自己,结果越陷越深。邓小平认为党执政后主观主义的错误比以前增加了,他振聋发聩,要求广大干部保持谦虚谨慎的态度,坚持群众路线,发扬理论和实践相结合的作风以及自我批评的作风。

上世纪80年代,资产阶级自由化思潮泛滥,爆发了学潮事件,已经间接或直接地给我们的事业造成危害。邓小平早就洞察到了这个问题，反复告诫：资本主义发展道路已经被历史证明在中国是走不通的，社会主义才是出路。他教育广大干部和群众，"要懂得些中国历史，这是中国发展的一个精神动力。"他会见外宾时，讲到从鸦片战争起近一个世纪，中国人寻找出路的历史，"这个历史告诉我们，中国走资本主义道路不行"。在邓小平的指导下，中央采取果断措施，旗帜鲜明地反对资产阶级自由化，渡过了这道难关。

《关于建国以来党的若干历史问题的决议》

以史为鉴，统一思想，团结一致向前看。一些同志对我们党和国家过去的错误认识不一致，有争议，造成思想混乱，邓小平认为，一定要好好学习党史，"学习可以使我们向前看，可以澄清各种混乱的思想"，还要好好总结过去，弄清大是大非，目的只有一个，就是"引导大家团结一致向前看"。

在起草《关于建国以来党的若干历史问题的决议》（也称"第二个历史决议"）过程中，有同志提出来八届十二中全会、九大是非法的，说"文化大革命"中党不存在了。邓小平谈到这个问题时说，延安时期，党内对1931年上海临时中央和以后由临时中央召开的六届五中全会是否合法也产生过争议，因为上海临时中央时期是"左"倾错误发展的顶点，给我党造成很大损失。但毛泽东认为应认定其是合法的，理由是上海临时中央得到了共产国际的批准，且那时我们党的组织还存在着，同时毛泽东指出其选举手续不完备，并以此作为历史教训。邓小平认为毛泽东的"那个决策是英明的"，现在我们也不能因为中共九大使"文化大革命"合法化并加强了林彪、江青等人在中央的地位，就判定九大是非法的。"如果否定八届十二中全会、九大的合法性，那我们说'文化大革命'期间党还存在，国务院和人民解放军还能进行许多必要的工作，就站不住了。八届十二中全会时周恩来同志有个说明，说十位中央委员去世，从候补中央委员中补上十位，这样，中央委员出席的就是五十位，过半数了。这就是讲的合法性。"而且，"文化大革命"期间，"党的组织生活停止过一段时间，但是党实际上存在着。否则，怎么能不费一枪一弹，不流一滴血，就粉碎了'四人帮'呢？'文化大革命'中间,我们还是有个党存在。如果现在否定了八届十二中全会和九大的合法性,就等于说我们有一段时间党都没有了。这不符合实际。"邓小平借鉴毛泽东处理类似问题的方法,并结合新的实际情况,认定八届十二中全会、九大是合法的,从而避免了进一步争论。

在领导起草第二个历史决议时,邓小平提出一定要做好决议,决议通过后,使大家的认识得到一致,不再发生大的分歧,这样对历史上重大问题的议论可以基本结束,可以一心一意搞建设。邓小平希望第二个历史决议能起到第一个历史决议的作用,"总结经验,统一思想,团结一致向前看"。第一个历史决议是在全面抗战进入新阶段,革命力量受到严峻考验的背景下起草形成的,它总结了建党24年来的经验教训,清算了三次"左"倾错误,指出了确立毛泽东在全党的领导地位的重大意义。第二个历史决议的起草背景是,在社会主义建设的历史转折时期,有些人从批判"两个凡是"开始走向另一个极端,全面否定社会主义道路,全面否定毛泽东和毛泽东思想。针对这种错误倾向,邓小平提出要系统总结历史经验,解决历史遗留问题,写一个决议。他亲自主持起草历史决议,科学地评价了毛泽东思想的伟大意义和毛泽东的历史地位,统一了全党的思想,增强了全党的团结。

"实事求是地总结历史的经验教训"

如何学习、评价、研究党史,怎么对待我们的过去,既是方法论的问题,也是世界观的问题。邓小平始终坚持唯物史观,反对唯心史观,一切从实际出发,实事求是;高屋建瓴,抓住历史的主流和本质;

坚持联系的观点，处理好全局和局部的关系，为我们指明了学习的思路和方法。

一切从实际出发，实事求是。如何评价党的历史这个问题，邓小平认为，我们共产党人是彻底的唯物主义者，只能实事求是地肯定应当肯定的东西，否定应当否定的东西。"只有采取客观的实事求是的态度来分析和总结，才有好处"，并且提倡"全面的科学的观点，防止片面性和感情用事"，只有这样才符合马克思主义，符合全国人民的利益和愿望。

1978年4月至6月召开的全军政治工作会议期间，有的同志提出会议关于"新的历史条件下的政治工作"的提法同华国锋的"新的发展时期的总任务"不一致，"人民解放军的无产阶级性质"的提法同毛泽东讲的"人民军队的革命本质"也不一致，认为必须全部照抄才行。邓小平听说后气愤地说，这些同志讲这些话的时候，讲毛泽东思想的时候，就是忘记了、抛弃了毛泽东思想的根本观点、根本方法。"毛泽东思想最根本的最重要的东西就是实事求是。现在发生了一个问题，连实践是检验真理的标准都成了问题，简直是莫名其妙！""只要你讲话和毛主席讲的不一样，和华主席讲的不一样，就不行；""这不是一个孤立的现象，这是当前一种思潮的反映。"所以他在会上讲的第一个问题就是实事求是，举了毛泽东注重调查研究、实事求是、从实际出发的很多具体事例，比如"毛泽东同志从参加共产主义运动、缔造我们党的最初年代开始，就一直提倡和实行对于社会客观情况的调查研究，就一直同理论脱离实际、一切只从主观愿望出发、一切只从本本和上级指示出发而不联系具体实际的错误倾向作坚决的斗争。毛泽东同志在一九二九年为古田会议写的决议中就尖锐地反对主观主义的指导，认为这种指导，'其必然的结果，不是机会主义，就是盲动主义'。一九三〇年，毛泽东同志专门写了《反对本本主义》这篇文章，提出'没有调查，没有发言权'的科学论断。他坚决反对在共产党内讨论问题的时候，开口闭口拿本本来，以为上了书的就是对的这种错误的心理。"通过这些事例，邓小平精辟地阐述了我们党的实事求是的思想路线，指出这是毛泽东思想的出发点、根本点，也是一切共产党员必须牢牢记住的最基本的思想方法、工作方法。他要求全党一定要肃清林彪、"四人帮"的流毒，拨乱反正，打破精神枷锁，使我们的思想来一个大解放。邓小平的这篇讲

邓小平在全军政治工作会议上讲话

话震动了那些思想僵化的同志，引起了他们的反思，同时鲜明地支持了正在开展的关于真理标准问题的讨论。

对于"文化大革命"的发生，有些同志归结到毛泽东的个人品质上，认为毛泽东发动"文化大革命"是为了维护自己的地位，这表明他的品质不够高尚。特别是有些挨过整的人，片面地贬低毛泽东，对毛泽东提出不正确的批评。邓小平提出，对于毛泽东的错误要毫不含糊地进行批评，"但是一定要实事求是，分析各种不同的情况，不能把所有的问题都归结到个人品质上"，因为不少问题用个人品质是解释不了的。同时，在承认毛泽东个人的责任时，要分析客观原因，邓小平认为"制度是决定因素"，因为过去一些制度不好，把毛泽东推向了反面，而且还要分析历史的复杂的背景。另外，邓小平反复提醒大家，讲错误不应该只讲毛泽东，中央许多负责同志都有错误，他说，搞"大跃进"，"毛泽东同志头脑发热，我们不发热？刘少奇同志、周恩来同志和我都没有反对，陈云同志没有说话"。他坚持认为，中央犯错误，不是一个人负责，是集体负责。他运用马列主义结合我们的实际进行分析，认为只有这样才能公正地、科学地对待历史，对待历史人物，"如果不是这样看问题，那就不是马克思主义的态度，不是历史唯物主义的态度。"他还提出不能感情用事，把毛泽东的错误说过头，评价要恰如其分、合乎实际，不夸大，不贬低，这样对我们整个国家、整个党的形象比较有利。

在领导起草第二个历史决议过程中，讨论到党的历史上有多少次路线斗争的问题，邓小平提出对于明显不能成立的应该根本推翻，一是因为过去评价历史上的路线斗争并不准确,二是因为过去党内一说到不同意见,就提到路线高度。把路线斗争提到比较严重的地步始于斯大林,我们党内则是始于王明。王明写了一本《两条路线》的书,此后,我们党内动不动就讲路线斗争,在批判路线错误时否定一切。粉碎"四人帮"以后,我们提过党内有十次路线斗争。邓小平强调,现在评价以往的党内斗争,要实事求是,"是什么性质就说是什么性质,犯了什么错误就说是什么错误,讲它的内容",原则上不用路线斗争的说法。对于"文化大革命",按它的实质分析就是了,是什么就是什么。在邓小平的亲自指导下,第二个历史决议放弃了路线斗争的提法,并将"文化大革命"定性为"全局性的、长时间的'左'倾严重错误"。

《光明日报》刊载《实践是检验真理的唯一标准》一文

要抓主要矛盾,弄清党的历史发展的主流和本质。没有任何事情或人物是绝对完美或绝对错误的,邓小平提出,对于历史应搞清楚大是大非，如果过多地纠缠于细节，反而不能客观地评价历史。他坚持抓重点、抓关键，以对立统一的方式分析和解决问题，注重优先解决主要矛盾。

1949年天津解放后，一些资本家对共产党的阶级政策、经济政策不了解，害怕"斗争"、"清算"，害怕"剥削越多，罪恶越大"，他们抱着观望的态度，消极等待，导致天津经济凋敝，通胀严重。受中央委派前往天津的刘少奇广泛开展调研，发表了著名的"天津讲话"，解释党的"公私兼顾"政策，消除了资本家的疑虑，天津经济很快得到恢复。但是他在同天津资本家座谈时曾说过"剥削有功"的话，被别有用心之人猛烈攻击。党内一些同志也认为刘少奇说走了火、不够妥当。1954年2月，邓小平在七届四中全会上，明确表示支持刘少奇，认为"天津讲话"符合党的七届二中全会精神，"是起了很大很好的作用的。虽然在讲话当中个别词句有毛病，但主要是起了好作用的"。邓小平从辩证唯物主义的立场出发，指出在工作中没有错误没有缺点的人是不存在的。

1950年，党内开展整风运动，邓小平为阐明开展整风的重要意义，简要介绍了前两次整风的情况，提到这两次整风中都有一些缺点，但是他认为不能因为有些缺点，而掩盖了主要成绩。他对这两次整风的评价是"对党所起的作用是很大的。"希望这次整风吸取前两次的优点，避免前两次的缺点。

对于毛泽东的功过是非问题，"文化大革命"后社会上出现了一股全盘否定毛泽东的思潮，像北京的"西单民主墙"公然张贴诽谤毛泽东思想的大字报，上海的所谓"民主讨论会"、广州的油印小报《人民之声》也出现了一些污蔑毛泽东的言论。这引起了邓小平的高度警觉。邓小平说，毛泽东的伟大，怎么说也不过分，"毛主席的伟大功勋是不可磨灭的。我们不能要求伟大领袖、伟大人物、思想家没有缺点错误，那样要求不是马克思主义者的态度。"并指出，毛泽东的功劳是第一位的，错误是第二位的。"因为他的功绩而讳言他的错误，这不是唯物主义的态度。因为他的错误而否定他的功绩，同样不是唯物主义的态度。"而且对于错误也要分时期、分阶段进行评价，不能一概而论。他认为总起来说，1957年以前毛泽东的领导是正确的，1957年反右派斗争以后，错误就越来越多了。但就算1957年以后，也不是全都是错的，比如《论十大关系》《关于正确处理人民内部矛盾》是好的，《一九五七年夏季的形势》中的一些内容也是好的。邓小平认为直到1961年，毛泽东同志还是认真纠正"左"倾错误的。1962年之后，阶级斗争提得更高，搞"四清""文化大革命"，才造成严重后果。

"文化大革命"前的十年，因为发生的问题比较多，情况比较复杂，怎么评价这十年在党内也有一些争议。有同志认为，这十年的成绩不是主要的，错误是主要的。邓小平不同意这种意见，他认为这十年不是漆黑一团，光明是主要的。他说："'文化大革命'前的十年，应当肯定，总的是好的，基本上是在健康的道路上发展的。这中间有过曲折，犯过错误，但成绩是主要的。那个时候，党和群众心连心，党在群众中的威信比较高，社会风尚好，广大干部群众精神振作。所以，尽管遇到困难，还是能够比较顺利地渡过。经济上发生过问题，但总的说还是有发展。"邓小平提出，要充分肯定成绩，同时也要讲到反右派斗争、"大跃进"、庐山会议的错误。

由于我们党在历史上犯过一些错误,甚至一些大错误,有些人就以此来全面否定中国共产党。邓小平严肃地批评了这种说法,提出虽然我们党在历史上,包括建国以后的30年中犯过错,但是我们党终究把革命搞成功了,所以"总的来说,我们党的历史还是光辉的历史。"这些高屋建瓴的论断有力反击了历史虚无主义的攻击。1980年1月,邓小平在中央召集的干部会议上,谈到总结"文化大革命"和建国以来30年的经验教训时,说"要粗一点,不要太细"。不要让细枝末节的东西影响整体评价,这就是要抓住党史发展的主流,把握住重点。邓小平这些重要讲话为我们总结党的历史指明了方向,为广大干部和群众吃了一颗定心丸。

坚持联系的观点,处理好全局与局部的关系。邓小平善于从全局高度把握历史发展的趋势和方向,总是将某一段党史或某个重大事件、某个重要人物放到整个党的发展历程中,从不孤立地、割裂地评价、研究党史。

比如关于如何评价毛泽东和毛泽东思想,邓小平多次在不同场合告诫人们要从全局来看这个问题。他从党和国家的利益出发,从国家和民族的前途命运着想,指出:对毛泽东的评价,对毛泽东思想的阐述,不是仅仅涉及毛泽东同志个人的问题,这同我们党、我们国家的整个历史是分不开的。"要看到这个全局。"

具体到对毛泽东的评价,针对国内外担心中国会出现"非毛化"的问题,邓小平提出毛泽东是中国共产党、中华人民共和国的主要缔造者,"没有毛主席就没有新中国,这丝毫不是什么夸张","否定毛泽东就是否定中国革命大部分的历史",会造成思想混乱,导致政治的不稳定。在讨论起草国庆30周年讲话时,邓小平说,要多写一些毛主席在历史上所做的贡献,无论如何不能发表这样一个叫人看了以后认为中国共产党已经否定了毛主席的讲话稿,这是个非常重大的问题。"任何时候都不能损害毛泽东同志在整个中国革命史上的光辉形象"。我们党总结历史经验不能丢掉毛泽东,对于毛泽东的错误,他强调不能写过头,写过头,给毛泽东抹黑,也就是给我们党、我们国家抹黑,会损害我们党和国家的形象,损害党和社会主义制度的威信,涣散全党、全军和全国各族人民的团结。

对于毛泽东思想,在1979年理论务虚会上,一些人发表了偏激的、带有情绪的意见,提出取消毛泽东思想,只提马列主义等,邓小平鲜明指出"对待毛泽东思想是一个严肃的原则性的问题"。我们党用毛泽东思想教育了整整一代人,没有毛泽东思想,就没有今天的中国共产党。毛泽东思想永远是我们全党、全军、全国各族人民的最宝贵的精神财富,毛泽东思想是我们一切领域的指导思想。在领导起草第二个历史决议时,邓小平强调:"毛泽东思想这个旗帜丢不得。丢掉了这个旗帜,实际上就否定了我们党的光辉历史。"这不但是中国共产党的利益所在,中华民族的利益所在,而且是国际共产主义运动的利益所在。不坚持毛泽东思想,我们要犯历史性的大错误。他把这条作为起草决议的第一要义。

斯大林逝世后,赫鲁晓夫在苏共二十大上作了一个秘密报告,全盘否定斯大林,引发了苏共以及国际共产主义运动的混乱。这个悲剧给

邓小平在1979年理论务虚会上发表讲话

邓小平留下了深刻印象,所以邓小平始终站在中国革命史、国际共产主义运动的高度来对待如何评价毛泽东和毛泽东思想这个问题,认为这是一个重大政治问题。邓小平说,如果我们否定毛泽东,就是否定了中华人民共和国,否定了整个这一段历史,这比赫鲁晓夫带来的后果还要严重。"党中央、全国人民永远不会干赫鲁晓夫那样的事。"1980年8月,他在接受意大利记者奥琳埃娜·法拉奇采访时讲,我们不会像赫鲁晓夫对待斯大林那样对待毛主席。正是邓小平在这个问题上的坚决态度,国庆30周年讲话和第二个历史决议明确了写作的指导思想,正确评价了毛泽东和毛泽东思想,得到人民的拥护,改革开放和社会稳定同步发展,避免了重蹈苏联覆辙。

1980年8月邓小平接见意大利记者奥琳埃娜·法拉奇

"老祖宗不能丢啊"

中国共产党的理论创新和实践创新层出不穷，广大干部和群众要学习中国共产党的历史从哪儿入手？邓小平给出了答案。

要加强对党的指导思想的学习。 邓小平多次提到要学习马列主义理论、毛泽东思想，不能丢马克思，不能丢列宁，也不能丢毛泽东。"老祖宗不能丢啊！"对于一些同志提出学习马克思主义理论有什么实际意义，邓小平语重心长地说："马克思主义理论从来不是教条，而是行动的指南"，可以加强我们工作中的原则性、系统性、预见性和创造性。而且他提出，"学马列要精，要管用的"，因为马克思主义是很朴实的东西、很朴实的道理,可以指导我们的具体工作;忽视学习马克思主义,就会出现胡编乱造、歪曲革命历史的东西。

邓小平非常重视学习毛泽东思想。1981年3月,在《关于反对错误思想倾向问题》一文中,邓小平提出应认真学习毛泽东同志的著作,学习时"必须联系中国革命的历史,这样就能了解党是怎样领导革命的,了解毛泽东同志有哪些功绩,使大家知道中国革命是怎样成功的。"陈云曾向邓小平建议全党应该学习毛泽东同志的哲学著作,例如《实践论》《矛盾论》,还有《中国革命战争的战略问题》《抗日游击战争的战略问题》《论持久战》等等。邓小平认为这个意见很好,哲学是任何理论和实践的根底,打好根底才能真正解决问题、纠正错误,学好毛泽东哲学思想有助于加深对整个毛泽东思想的理解和把握。

要加强对党的重要文献的学习。党的重要文献记录了党的奋斗历史。1975年7月,邓小平在对中央读书班第四期学员的讲话中,嘱咐大家要读好多书,尤其是要"好好地读延安整风时的文件,七大的报告。"为什么读这些呢?因为这是毛泽东总结了党的历史经验提出来的,是重要的实践总结和理论成果。1981年,在《关于建国以来党的若干历史问题的决议》通过前后,邓小平要求组织大家认真学习,这个决议为全党和全国人民分清了历史是非,指明了前进方向。

要加强对伟大革命精神的学习。千千万万的革命英烈以对党、对革命事业的无限忠诚,铸就了光照千秋的革命精神。邓小平非常重视对革命精神的学习,认为"革命精神是非常宝贵的,没有革命精神就没有革命行动",要"以革命精神不疲倦地去教育人民群众,启发与提高人民群众的觉悟",充分发挥革命精神鼓舞力量的作用。1980年12月,邓小平在中共中央工作会议上,针对党内有人支持对"全心全意为人民服务""个人服从组织"等庄严的革命口号进行"批判"的现象,他提出要教育全党同志发扬"大公无私、服从大局、艰苦奋斗、廉洁奉公的精神,坚持共产主义思想和共产主义道德",并进一步阐明了理由:革命时期我们党除了靠正确的政治方向外,就是靠这些宝贵的革命精神吸引人民和友好人士,现在建设时期也要依靠革命精神建设社会主义,所以要大大发扬"革命和拚命精神,严守纪律和自我牺牲精神,大公无私和先人后己精神,压倒一切敌人、压倒一切困难的精神,坚持革命乐观主义、排除万难去争取胜利的精神",并使之成为中国精神文明的主要支柱,以提高全党同志和广大人民群众建设社会主义现代化强国的信心,团结一致,稳步前进,实现我们的宏伟目标。

"要用我们自己的历史来教育青年"

哪些人需要学习党史?邓小平提出首先是"干部的学习空气要加强",然后要用党史教育广大人民尤其是青少年。邓小平历来关心青少年的成长,尤其是关心他们的思想状态。

要用我们自己的历史来教育青年。改革开放以来,资产阶级自由化向我们发起进攻,总有一些青年人受其蛊惑,盲目追随。邓小平反思其中的教训,指出我们的最大失误是在教育方面,"对年轻娃娃、青年学生教育不够","青年人不知道我们的历史,特别是中国革命、中国共产党的历史"。邓小平说,中国在世界上的地位,是中华人民共和国成立以后才大大提高的。只有中华人民共和国成立了，中国人才在世界上站起来了，而且到现在，中国人站住了。没有中国共产党，不进行社会主义改造，不建立社会主义制度，今天还是旧中国的样子。我们能够取得现在这样的成就，都是同共产党的领导、同毛泽东的领导分不开的。"恰恰在这个问题上，我们的许多青年缺乏了解"。所以"要用我们自己的历史来教育青年"。1987年3月，邓小平会见外宾时，讲到中国不能乱哄哄的，只有坚持搞社会主义才有出路，只有在安定团结的局面下搞建设才有出路，要用这个道理教育人民，特别是青年学生。

要培养青少年的革命理想。革命理想高于天。1978年4月，邓小平在全国教育工作会议上讲话指出，"革命的理想，共产主义的品德，要从小开始培养。"要把青少年培养成为有很高的政治责任心和集体主义精神，有坚定的革命思想和实事求是、群众路线的工作作风的劳动者。1985年3月，邓小平在全国科技工作会议上的讲话中，提出我们一定要经常教育我们的青年，要有理想，"一定要树立共产主义的远大理想。一定不能让我们的青少年作资本主义腐朽思想的俘虏，那绝对不行。"1987年6月，邓小平会见美国前总统卡特时，说"在强调发展民主的同时，要强调教育我们的人民特别是青年要有理想，守纪律。"

青年人要看到整个历史。由于很多人包括青少年不知道我们党的历史，我们是怎样奋斗的，怎样成功的，他们只看到"文化大革命""四人帮"，因此对毛泽东持否定态度。邓小平对此很是忧心。1980年11月，邓小平会见外宾时说："我们正在搞一个关于若干历史问题的决议，要对31年的历史作个总结。这是党内外的普遍要求。过去的问题已经结束了,需要作个总结,不走这一步不行。许多人,特别是青年人,看'文化大革命'那一段多一些,而没有看到整个历史;看了十年,而没有看到整个五十九年的党史,没有看到毛泽东同志的整个贡献。这涉及到对毛泽东同志的一生如何评价问题,我们必须现在解决,不能由后代来解决,因为他们不了解整个历史。"

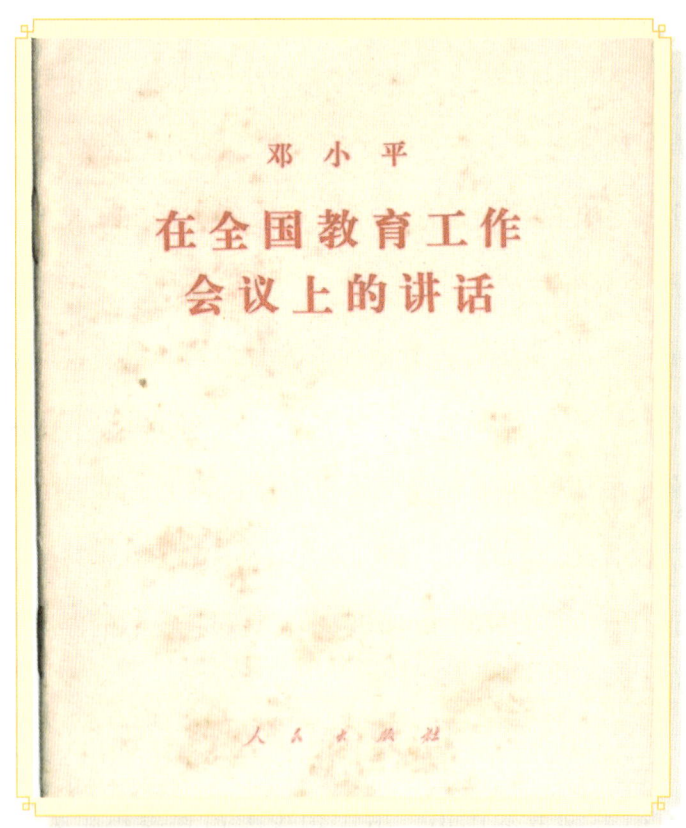

1978年出版的邓小平《在全国教育工作会议上的讲话》

要教育好青少年,教师至关重要,邓小平要求关心和帮助教师思想政治上的进步,"帮助他们认真学习马克思列宁主义、毛泽东思想,使更多的人牢固地树立起无产阶级的共产主义的世界观。"

正是在邓小平的反复强调和要求下,党和国家加大了对青少年的思想政治教育,尤其是教育他们坚持四项基本原则,避免了一些腐朽思想对青少年的侵蚀,为改革开放时期的社会主义建设培养了一大批人才。

"熟悉我们党从开头到现在的历史"

作为中国共产党历史的亲历者和创造者,邓小平参与领导或领导中国共产党、领导中国革命和建设长达半个多世纪。他说自己"熟悉我们党从开头到现在的历史,对许多重大事件的历史过程都比较了解",对于党史中诸多的事件、人物、会议等都有回忆、评价和定性,他驳斥了一些流言,理清了党史中的一些关键节点。

对我们党成功探索和失败挫折的总结。邓小平非常熟悉党的历史,并善于总结我们党正反两方面的历史经验。

1965年,邓小平同亚洲一位共产党领导人谈话时,谈到我们党所坚持的民主集中制原则,说:"我们党的组织原则是高度的民主和高度的集中相结合,把列宁提出的民主集中制原则精神发挥了。一个党不集中不行,如果没有中央的和各级党委的集中领导,这个党就没有战斗力。这种集中,如果没有高度的民主作基础,集中也是假的。全党提倡民主、提倡批评与自我批评,就能真正把全党的意志集中起来,真正做到万众一心。毛泽东同志提倡军队也要搞民主。我们的人民解放军实行三大民主,即政治民主、经济民主、军事民主。连里开会,战士可以批评连长,这种民主妨碍不妨碍连长统一指挥呢?不妨碍。连长发现错误就改，这样就能更好地指挥，部队的战斗力更强。这不仅是在一个连里，就是在我们一个大的作战区，有了错误，指挥员也要受批评。比如哪一个战役没有打好，军长、团长就对这个作战区的指挥员提出批评意见嘛！有什么办法呢？搞得不好，只好承认错误。这样，对下一仗怎么打，就有办法了。有了党内民主和批评与自我批评，有问题就不是在下面乱讲，而是摆到桌面上来。"邓小平强调，这是我们好的党风，要继承下来。

邓小平领导二野多年，1989年11月，他在同编写第二野战军战史的老同志谈话时，回顾了二野在解放战争时期的贡献。讲到千里跃进大别山时，邓小平感慨道："往南一下就走一千里，下这个决心，真了不起，从这一点也可看出毛主席战略思想的光辉。而这个担子落在二野身上，整个解放战争最困难的是挑这个担子，是挑的重担啊。"他总结了大别山这场斗争取胜的关键，"主要是我们政策对头，包括军事政策。军事政策就是坚决地拿出三分之一的野战部队地方化，搞军区、军分区。因为大别山的斗争不决定于消灭好多敌人，而决定于能不能站住脚。这是毛主席的战略决策。什么叫胜利？胜利不在当时消灭多少敌人。要不要消灭敌人？要消灭，要争取打几个歼灭仗。从这一点来看，我们完成得并不好，消灭的敌人不多，除地方保安部队外，一共只消灭了几个旅。但关键是能不能站得住，站得住就是胜利，结果，我们站稳了。我们前进了一千里，直达长江，面对着武汉、南京、上海，扩大了四千五百万人口的新解放区。这是个真正的胜利，前进一千里的意义就在这里。"

对重要事件和会议的真实回顾。邓小平亲身经历了党和国家的许多事情，也参与了一些重大事件的决策。

1980 年参观八七会议会址时，邓小平说“当时我们二十几个人是分三天陆陆续续进来的，我是第一批进来的，最后走的，在这里待了六天，会议开了一天一夜。当时政局变化很大，决定一部分人举行南昌起义，一部分人开这个会议。”

中共「八七」會議告全黨黨員書

中國共產黨全體黨員鑒：

一、緒言

同志們！

中央委員會緊急會議現在致書於全體同志的時候，正是很困難危險的時期——偉大的中國革命遇到了極艱巨的磨折。今年四月間蔣介石在上海發端的反革命政策，如今在武漢政府領域之內繼續發展而完成。三個月以前，武漢政府曾經宣佈，蔣介石是革命叛徒，現在呢？他自己學了蔣介石的榜樣反革命，如今冒國民黨之名，甚至於冒『左派』國民黨之名，來摧殘工農運動，在武漢領域之內與蔣介石之治下是一樣的；他們所用的方法也是差不多的，農民協會被解散被禁止，幾百幾千的工農運動的指導同志被武漢政府的將領所殘殺，農民運動所及的區域，無不受反革命的清鄉所蹂躪；工人亦是到處受摧殘，他們的武裝被解除，他們的工會日益受着壓迫或佔領，他們的指導者亦被殘殺，工會機關之中到處遇見軍閥豪紳指派來的走狗。壓迫得尤其嚴重的，便是我們的黨。一切反革命勢力聯合起來，反對共產黨——從反動軍閥一直到被革命所嚇慌的小資產階級。然而現在他們不稱帝國主義封建軍閥及蔣介石所領導的反革命的資產階級爲人民之公敵，却稱共產黨爲人民

85

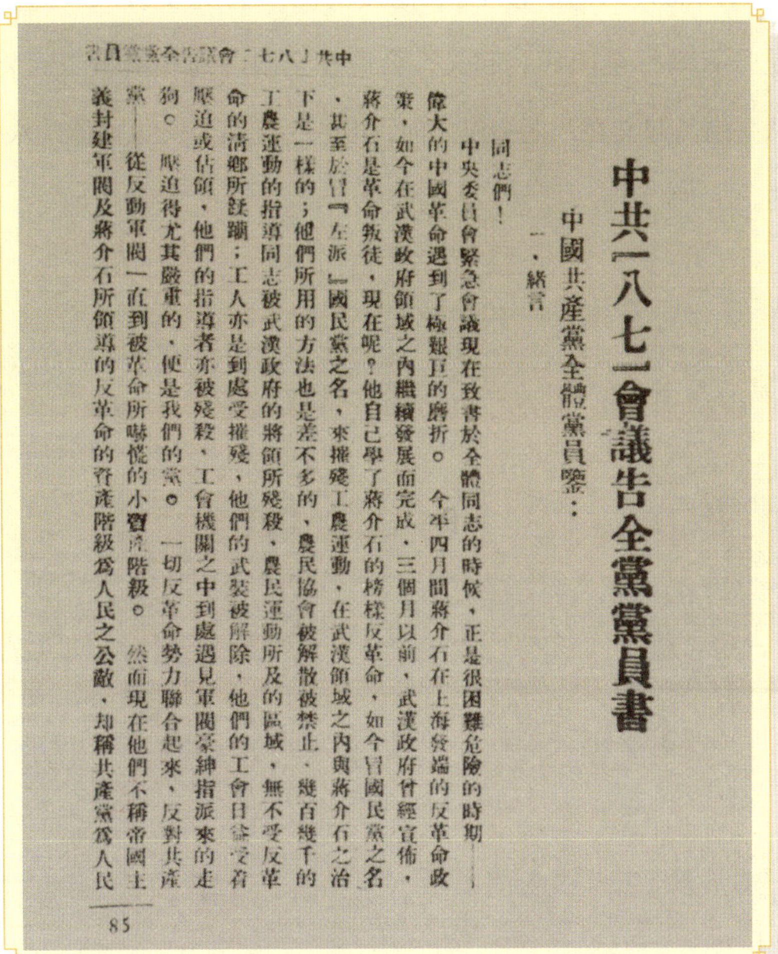

《八七会议告全党党员书》

在接待人员介绍陈列室展出的会议代表名单是按会议记录的先后顺序排列时,邓小平说:"那个时候不兴那些规矩"。并指着代表名单上排在第一位的李维汉的名字说:"不要以为那个时候党的主要领导人是李维汉,那时不按照什么资历排列"。在看陈列的部分代表的照片时说:"都是年轻人"。并对接待人员说:"八七会议前,我住在武昌三道街,那是党中央所在地。会后,武昌局势紧张,我搬到汉口,和李维汉同志住在一个法国商人的酒店楼上。"他强调说:"首先要讲八一南昌起义。会议是号召举行全国武装起义,会后在全国各地相继组织武装起义,虽然八一南昌起义在八七会议之前,但八一南昌起义也是体现八七会议方针的。"

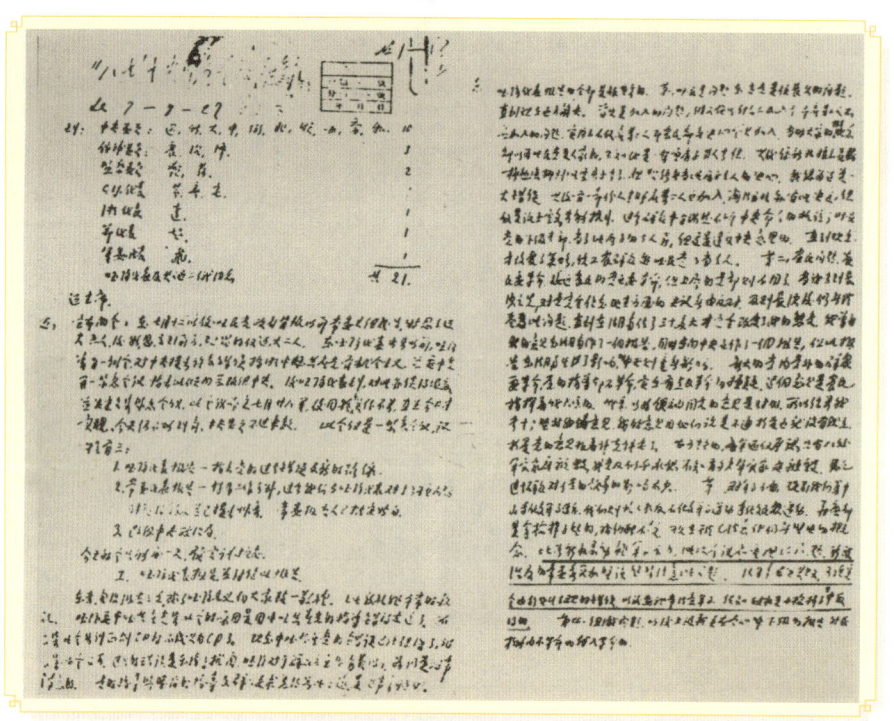

李维汉所作八七会议记录

1935年，中共中央政治局在遵义召开了扩大会议，即遵义会议。中央秘书长邓小平参加了会议，并担任会议记录工作。1958年11月，邓小平在视察贵州时专程参观了遵义会议会址。走进当年的会议室，他肯定地说："会议室找对了，会议就是在这里开的，我就坐在那个角里。后面是蒋家大院，大家都住在那里，现在没有房子了。原来那个院子结构复杂，几进院子。在走廊上议论走四川的问题，那个时候觉得走廊很宽，现在窄了！"邓小平见证了毛泽东在刚刚建立起来的新的领导集体中发挥核心作用的一幕幕。他后来回忆说："那个时候行军，毛泽东同志、周恩来同志、张闻天同志和我是在一起的。每天住下来，要等各个部队的电报，一直等到深夜，再根据这些电报确定红军的行动。在重要问题上，大多是毛泽东同志出主意，其他同志同意的。尽管名义上他没有当总书记或军委主席，实际上他对军队的指挥以及重大问题上的决策，都为别的领导人所承认。朱德同志、周恩来同志、张闻天同志、王稼祥同志，他们这些同志确实照顾大局，确实有党性原则，只要毛泽东同志的意见是对的，都一致支持，坚决执行。"邓小平对长征中毛泽东的军事谋略非常敬佩。他说，四渡赤水是毛泽东军事思想最光辉的一页。他还形象地把当时毛泽东采取的那种同敌人兜圈子、打奇袭的运动战方式比作"猫捉老鼠、老鼠捉猫"。意思是说，强大的敌军想捉红军，不料被红军引得团团转。大猫想捉小老鼠，反倒被小老鼠捉弄了一番。

遵义会议会址

对党史上重要人物的回忆和评价。邓小平为人正派，直率开朗，总是能够客观公正地看待、评价党内的同志。

邓小平和周恩来从20世纪20年代初就相识，是亲密的战友。在法国时，邓小平参加中国共产主义青年团旅欧支部工作，大概有半年的时间跟周恩来住在一起，朝夕相处。1927年至1928年，在上海时，邓小平夫妇和周恩来夫妇住在一栋楼里，周恩来夫妇住楼上，邓小平夫妇住楼下。解放后，邓小平与周恩来接触更多了。邓小平曾很长时间作为副总理协助周恩来工作。后来邓小平做了总书记，主持中央的日常工作，周恩来主持国务院的日常工作。他们俩互相信任，互相理解，很有默契。在"文化大革命"中邓小平被打倒时，周恩来始终惦念着他，在生命的最后关头，坚定地支持邓小平的工作。周恩来逝世后，中央在准

留法勤工俭学时的邓小平

备悼词时,邓小平仔细看过很多遍,认为对总理一生的评价,对总理的革命简历,都符合实际,但是他提了一点具体修改意见,指出原文中周恩来1922年担任中国共产主义青年团旅欧支部书记的内容,加个"总"字,应是总支部书记,符合实际情况。在周恩来追悼大会上,邓小平强忍悲痛代表中共中央在追悼大会上致悼词,为周恩来的一生划上圆满句号。1980年8月,法拉奇在采访邓小平时,她问到:"在中国有这么一个人,他在任何时候都没有被碰倒过,这就是周恩来总理。这个情况如何解释?"这确实是国内外很多人感到疑惑的问题。"文化大革命"期间，党的其他领导人都相继被打倒了，而周恩来依然是国家总理，这自然引起了一些人的误解甚至诋毁。有人说他胆小怕事，软弱可欺；有人认为他是盲目愚忠，推波助澜；还有人认为他是明哲保身，留恋权力，等等。对周恩来的评价，如同对毛泽东的评价一样，是一个极其敏感的政治问题。邓小平回答道，"文化大革命"中，周恩来所处的地位十分困难，说了好多违心的话，做了好多违心的事。但他不得不这样做，否则后果更加严重。周恩来从国家和民族的利益出发，忍辱负重，苦撑危局，不仅保住了相当一批人，而且奋力维持了国民经济的发展和人民军队的稳定。邓小平说："人民原谅他。"是呀，人民热爱他、拥戴他、理解他。他逝世后，十里长街送总理，多少人泣不成声。

邓小平在周恩来追悼会上致悼词

满怀悲愤的群众聚集在天安门,哀悼敬爱的周总理。在邓小平主持起草的第二个历史决议中,对周恩来的一生作出了高度评价,尤其是公允评价了周恩来在"文化大革命"中的作用:"周恩来同志对党和人民无限忠诚,鞠躬尽瘁。他在'文化大革命'中处于非常困难的地位。他顾全大局,任劳任怨,为继续进行党和国家的正常工作,为尽量减少'文化大革命'所造成的损失,为保护大批的党内外干部,作了坚持不懈的努力,费尽了心血。他同林彪、江青反革命集团的破坏进行了各种形式的斗争。他的逝世引起了全党和全国各族人民的无限悲痛。"

邓小平同刘伯承在一起

——老一辈革命家与党史学习

在邓小平留下的诸多文章中,有两篇是写同一人的,这人就是刘伯承。邓小平与刘伯承"长期共事,相知甚深",1931年相识,1938年开始共事,两人感情非常融洽,工作非常协调。人们习惯地把"刘邓"连在一起。在刘伯承50寿辰时,邓小平写了一篇祝文《庆祝刘伯承同志五十寿辰》发表在《新华日报》上,歌颂刘伯承的优良品质,"热爱国家,热爱人民,热爱自己的党,是一个共产党员必须具备的优良品质。我们的伯承同志不但具备了这些品质,而且把他的全部精力献给了国家、人民和自己的党。……他除了国家和人民的福利,除了为党的事业而努力,简直忘记了一切。在整个革命过程中,他树立了不可磨灭的功绩。"他还指出了刘伯承的一个"缺点",就是他除了读书工作之外,没有一点娱乐的生活。1986年,刘伯承逝世后,邓小平写了《悼伯承》,开篇即书"他的辞世,使我至为悲痛。"文中详细记述了刘伯承的伟大业绩和光辉品德,结尾说,"回顾伯承为共产主义事业所走过的战斗历程,他的卓越贡献,他的坚强党性,中国布尔什维克——这个意味着

《人民日报》刊载邓小平《悼伯承》一文

真正共产党人的光荣称号，他是受之无愧的。"

邓小平第三次复出后，在推动平反冤假错案时，对一些同志作出了公正的评价，坚决支持为他们彻底平反，"有错必纠"。在邓小平的指导下，中央为彭德怀、陶铸等党和国家领导人进行了平反。1959年庐山会议上彭德怀受到错误批判，"文化大革命"中被迫害至死。1978年，邓小平会见美国客人、日本客人时都谈到彭德怀，说："我了解他，他有错误，但功绩比错误大得多，打了几十年的仗。"并说对有些人的功过，过去搞得不对的，搞过了的，要改过来，比如对彭德怀同志的评价。党中央决定为彭德怀举行追悼大会，邓小平亲自审阅修改了彭德怀的悼词。陶铸1933年被捕，1937年国共合作时经周恩来和叶剑英交涉营救出狱。1967年被江青等人污蔑为南京监狱"叛徒集团"的主要头头，被打成"党内最大的保皇派"，含冤去世。邓小平指示要复查陶铸的问题，并在陶铸的审查报告中加写了一段话"总的说来，陶铸同志在监狱斗争是坚决的，几十年的工作，对党对人民是有贡献的，过去定为叛徒是不对的，应予平反。"

林彪、"四人帮"把历史上曾经被捕过的革命家一律诬陷为"叛徒"，连已经牺牲的烈士也不放过。比如邓小平赴法勤工俭学时，就与王若飞相识，成为革命战友。王若飞1931年因叛徒出卖而被捕入狱，1937年获释，1946年因飞机失事牺牲。"文化大革命"中遭受诬陷。1977年9月，邓小平在王若飞的儿子要求为王若飞恢复名誉的申诉信上批示："据我所知，王若飞同志在晋绥被捕和出狱问题，肯定是没有问题的。"几个月后，王若飞平反。比如，1931年，薄一波、王其梅等人被捕入

彭德怀、陶铸追悼会现场

狱，1936年至1937年，有61名同志按照中央要求，履行了敌人规定的出狱手续。中共七大时，对此事进行了审查，作出了"本人不能负责"的明确结论。结果康生等人把此事翻腾出来，诬陷这61人是反共叛党行为，其中多人被迫害致死，王其梅就是其中一个。王其梅曾是邓小平麾下一名虎将，邓小平对王其梅的历史是清楚的，决定以此为突破口为"六十一人案件"平反昭雪。但由于"六十一人案件"是经过毛泽东和党中央批准才定案的，案件复查工作遇到的阻力很大，邓小平顶住压力，要求实事求是地处理问题，终于为61人平反。

"能够对半开就不错了"

身为党的领袖，邓小平从不主张宣传自己，多次拒绝写自传，"我从来不赞成给我写传。我这个人，多年来做了不少好事，但也做了一些错事。"他对自己革命经历的总结和评价散见于他填写的各种履历表、给家人的信、与外宾和记者谈话中。他始终发扬实事求是的作风，胸怀坦荡，该承担责任的从不推诿。

邓小平谈到自己在上海做地下工作，非常艰苦，没照过相，连电影院也没去过。"我在军队那么多年没有负过伤，地下工作没有被捕过，这种情况是很少有的。"但他说遇到两次比较大的危险。一次是（1928年4月15日）何家兴叛变，出卖罗亦农（当时任中共中央政治局常委、组织局主任）。邓小平去和罗亦农接头，办完事，刚从后门出去，前门巡捕就进来了，罗亦农被捕。相差不到一分钟的时间。还有一次，发生在邓小平夫妇同周恩来夫妇住在一个房子里期间。那时，中央特科得知巡捕发现了周恩来住的地方，要来搜查，他们通知了周恩来，当时在家的同志赶紧搬了。但邓小平当时不在，没有接到通知。里面的巡捕正在搜查，邓小平去敲门，幸好有个内线在里面，答应了一声要来开门。邓小平一听声音不对，赶快就走。邓小平感慨说"那个时候很危险呀！半分钟都差不得！"

1975年邓小平主持整顿时，毛泽东提出让邓小平对"文化大革命"做一个决议，以平息一些人对"文化大革命"的不同意见。毛泽东认为"文化大革命"是七分成绩、三分错误，但许多同志包括邓小平并不认为成绩是主要的。坚持原则的邓小平没有让步，明确表示："由我主持写这个决议不适宜，我是桃花源中人，'不知有汉，何论魏晋'。"此后邓小平又被打倒。

对于邓小平跌宕起伏的政治生涯，人们说他是"两落两起"，指他在"文化大革命"中被打倒两次,又两次复出。邓小平说,实际上我是"三落三起","我在20几岁的时候担负着重要的工作,在党中央当秘书长,还领导了广西百色起义。那时红军的队伍很少。在江西根据地,王明路线夺了毛主席对红军、对苏区的领导权,还反对什么邓毛谢古路线。我算一个头头,叫'毛派头头'。这件事一般人不大知道。我能在被打倒后的极其困难的情况下坚持下来,没有什么秘诀,因为我是共产主义者,也是乐观主义者。"

1975年主持整顿工作时的邓小平

1987年3月,邓小平同美国国务卿舒尔茨谈话时说,"中国不存在完全反对改革的一派。国外有些人过去把我看作是改革派,把别人看作是保守派。我是改革派,不错;如果要说坚持四项基本原则是保守派,我又是保守派。所以,比较正确地说,我是实事求是派。"

对于自己的功过,在接受法拉奇采访时,邓小平谈到周恩来、刘少奇、朱德等许多人对毛泽东思想作的贡献,法拉奇突然问到:"你为什么不提自己的名字?"邓小平说:"我算不了什么。当然我总是做了点事情的。革命者还能不做事?"他提出,"永远不要过分突出我个人。我所做的事,无非反映了中国人民和中国共产党人的愿望,党的这些政策也是由集体制定的。"邓小平讲,在"文化大革命"前,"工作搞对的有我的份,搞错的也有我的份""不要造成一个印象,好像别人都完全正确,唯独一个人不正确。这个话我有资格讲,因为我就犯过错误。一九五七年反右派,我们是积极分子,反右派扩大化我就有责任,我是总书记呀。一九五八年'大跃进',我们头脑也热,在座的老同志恐怕头脑热的也不少。这些问题不是一个人的问题。我们应该承认,不犯错误的人是没有的。拿我来说,能够四六开,百分之六十做的是好事,百分之四十不那么好,就够满意了,大部分好嘛。"邓小平认为自己的一生"能够四六开,百分之六十做的是好事,百分之四十不那么好,就够满意了"。邓小平的这种态度影响了许多人,一些老同志在回忆自己的历史,写一些东西时,能够从实际出发,对于恢复历史的本来面目很有益处。

对于自己的经历,邓小平说,"谈到我个人的经历,你在毛主席纪念堂的展览室里看到的那张有我在里面的照片是在巴黎照的,那时只有十九岁。我自从十八岁加入革命队伍,就是想把革命干成功,没有任何别的考虑，经历也是艰难的就是了。我一九二七年从苏联回国，年底就当中共中央秘书长，二十三岁，谈不上能力，谈不上知识，但也可以干下去。二十五岁领导了广西百色起义，建立了红七军。从那时开始干军事这一行，一直到解放战争结束。建国以后我的情况你们就清楚了，也做了大官，也住了'牛棚'。你问我觉得最高兴的是什么？最痛苦的是什么？在我一生中，最高兴的是解放战争的三年。那时我们的装备差，却都在打胜仗，这些胜利是在以弱胜强、以少胜多的情况下取得的。建国以后，成功的地方我都高兴。有些失误，我也有责任，因为我不是下级干部，而是领导干部，从一九五六年起我就当总书记。那时候我们中国挂七个人的像，我算是一个。"邓小平说一生最痛苦的是"文化大革命"的时候。"其实即使在那个处境，也总相信问题是能够解决的。前几年外国朋友问我为什么能度过那个时期，我说没有别的，就是乐观主义。"邓小平认为，从1977年开始，自己没有犯大错误。当意大利记者法拉奇问他对自己怎么评价时，他说"能够对半开就不错了。"邓小平对自己几分成绩几分错误没有定论，但他非常豁达，"究竟怎样，让历史去评价吧！"

邓小平坚持用唯物史观来认识和评价党史，科学把握党史发展的主题和主线，善于运用党的历史推动事业发展，对于帮助我们树立正确党史观，学会运用马克思主义理论的观点和方法，提高明辨是非、分析问题和解决问题的能力有重要作用，对于学习、评价、研究中共党史有极强的现实意义。

陈云与党史学习

陈云

作为党的第一代领导集体与党的第二代领导集体的重要成员,陈云见证、参与了党史上的许多重大事件,在党的历史发展的许多关键时刻发挥过关键作用,可以说,他的思想与生平本身就是党史的重要组成部分,他的光辉一生就是一部"活党史"。不仅如此,陈云就党的许多重大事件和重要人物发表了许多重要论述,对党史研究和学习有着很强的指导意义,为我们学习研究党史提供了宝贵财富。重温和学习陈云关于党史的重要论述和思想,能够帮助我们更好学习党史这本"教科书"、这门"必修课",从中汲取智慧、力量和营养,更加坚定地沿着中国特色社会主义道路实现中华民族伟大复兴的中国梦。

研读毛泽东文献,把握认知规律

历史是过去传到将来的回声,是将来反映过去的倒影。不尊重历史的人,注定要重犯历史的错误。唯有从历史中吸取教训、收获经验,才能书写正史,形成正见。陈云历来善于从历史中总结经验,吸取教训,把握规律,汲取前进的智慧和力量。

延安整风运动是一场在全党范围内开展的深入的马克思主义教育运动,陈云在这一时期潜心研读马列著作和毛泽东著作以及毛泽东起草的文件、电报,对马克思主义理论、对党的历史、路线和方针政策有了更加深入的理解,深刻领悟了党的实事求是的思想路线。

陈云梳理中国共产党成立二十多年来的历史,认为抗战前,我们的队伍很小,抗战后有了很大发展,天下英雄豪杰都到了陕北,原因就在于遵义会议结束了错误的路线统治,解决的不只是反对阵地战、前线突击等军事问题,而且是路线问题,使党在政治上组织上更加巩固和发展了。

延安时期,毛泽东先后三次和陈云谈学习哲学,还派教员来帮助学习。陈云将毛泽东起草的文件、电报都认真学习了,最后得出一个结论，就是要实事求是。如何做到实事求是，陈云总结出了"不唯书、不唯上、只唯实，交换、比较、反复"的充满辩证智慧的思想方法，为他开展工作提供了可贵的理论指导与工作方针。

陈云结合自己的历史经历谈到，自己过去犯错误，主要是因为革命经验不足，革命知识少，中国大事、中国现状知道不多，马列主义理论缺乏。"我们党历史上每次出现错误路线，总有部分同志跟着走，怎样使我们的同志今后减少盲从性呢？就是要使我们同志的肚子里真正多装一些东西，这个东西就是马列主义。"历史经验表明，学习运用马克思列宁主义科学理论是少犯错误的根本理论遵循。

整风运动最终以通过《关于若干历史问题的决议》而结束，这是我们党第一次对党的历史经验作出系统的总结，从政治上、军事上、组

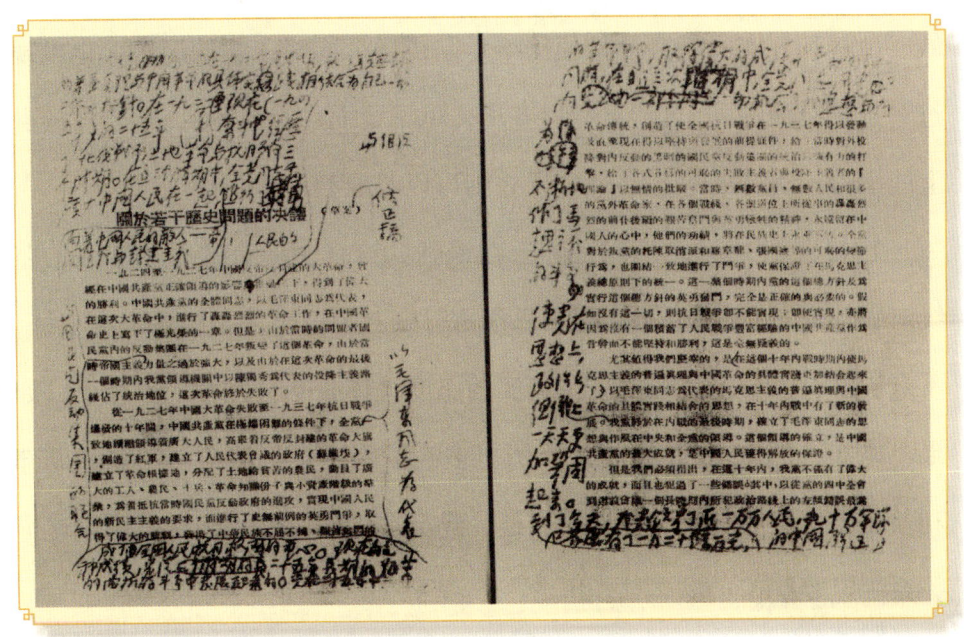

《关于若干历史问题的决议》修改稿

织上和思想上论述了毛泽东思想的基本内容，高度评价了毛泽东运用马克思列宁主义解决中国革命问题的杰出贡献，这是对历史规律的探索，也是马克思主义中国化的理论成果。在新的形势下，正如陈云所提醒的是，"全党仍然面临着学会运用马列主义、毛泽东思想的立场、观点、方法分析和解决问题这项最迫切的任务。"学史明理，从党的非凡历程中领会马克思主义是如何深刻改变中国、改变世界，感悟马克思主义的真理力量和实践力量，从而深化对中国化马克思主义既一脉相承又与时俱进的理论品质的认识，以此来武装头脑、指导实践、推动工作。

"不老实没有一个不失败的"

党的奋斗历程中涌现出一大批视死如归的革命烈士、一大批顽强奋斗的英雄人物、一大批忘我奉献的先进模范，他们身上所展现的忠诚、执着和朴实的崇高品德值得继承与传扬。同时，党的历史上也出现过一批犯错误的同志，"见贤思齐焉，见不贤而内自省也。"从榜样的身上能学习到美好的思想品德，反之则可以吸取教训，指导当下。

1942年整风运动期间，陈云在谈到共产党员应有的品质和政治路线时，他通过总结历史认识到："党的历史上无论过去也好，现在也好，不老实没有一个不失败的。""老实的态度大体是不会吃亏的。相反，如果不老实，那就一定要吃亏。"历史多次证明，党员的个人利益和局部利益要服从党的利益和全局的利益，党员在工作中要取老实态度，这个关系一定要摆正。

1945年，为了总结革命经验、迎接抗日战争胜利，中共第七次全国代表大会在延安召开，陈云在大会上作了书面发言，对自己七年组织部长以及之前的革命生涯进行了总结、作了交代。他尤其提到要吸取党的历史上张国焘、陈独秀的教训，这两人过于看重自身个人的价值，没有认识到离开了人民和党，个人不值一提。陈云借这两人劝诫广大党员干部，在抗战胜利即将来临之际，仍然要保持清醒的头脑，树立正确的功劳观和价值观，将党和人民的利益放在首位，戒骄戒躁，少犯错误。

陈云与贺龙在党的七大上

陈云1947年在辽东分局会议上专门作《怎样才能少犯错误》的报告，他旁征博引，谈史论今，论证了党史上出现的几次失败行动都是由于对客观实际缺乏正确的全面的认识。"陈独秀的错误，李立三的错误，王明的错误，不是由于这些人发神经病，或者因为他们是傻瓜，主要是由于他们夸大了事物的一面，所谓知其一不知其二。""一九三二年的一二八事变，使全国的抗日反蒋运动掀起了一个高潮，但还不是全国革命高潮的到来。四中全会的错误结论，临时中央作出的关于争取革命在一省与数省首先胜利的错误决议，都对当时的形势作了错误的判断。"历史上几次失败的教训都告诉我们，要不犯错误就必须实事求是，从具体分析实际情况中找出对策，而不是以我为尊，造成认识上的片面性。

陈云在大是大非面前始终保持清醒的头脑，对党忠诚，将个人名利看得淡薄如水，将党的事业看得重如泰山。陈云曾和高岗共事，关系还不错，但是在知道高岗私下里预谋不轨，企图分裂党后，便向毛主席和党中央汇报，坚持党的原则毫不含糊，一心一意维护党的利益。

"不收礼、不吃请"，这是陈云立下的一条规矩，身边工作人员也不得违反。"不迎不送，不请不到"，这是陈云在去外地视察和休养时，对地方领导同志提出的要求，意在不打扰他们，让他们集中精力抓工作。"不居功，不自恃"，这是陈云处人处事的准则。新中国成立初期，陈云已是党中央的五大书记之一，但他始终要求有关部门在待遇上、宣传上不能把他和毛刘周朱并列。苏联政府赠送汽车，给五大书记一人一辆，他坚持把给自己的那辆车退回。"高山仰止，景行行止。"陈云以身作则，他那艰苦朴素、谦虚谨慎、不骄不躁的作风与品德仍然值得我们学习。

陈云一贯重视用党的实践创造和历史经验启迪智慧、砥砺品格。他说党员必须要"德才兼备，才干固然要有，但德还是第一"。他率先垂范，清正廉洁，给大家树立了榜样，他还以历史上修养不够的人为反面教训，告诫党员干部不可贪图安逸和骄傲自满，要保持谦虚谨慎和艰苦奋斗的作风。

"要研究中国的历史和实事政治的情况"

毛泽东曾强调:"如果不把党的历史搞清楚,不把党在历史上所走的路搞清楚,便不能把事情办得更好。""前车之覆,后车之鉴。"我们党历来重视对历史的学习和对历史经验的总结与运用,善于从不断认识和把握历史规律中找到前进的正确方向和正确道路。同观照现实、推动工作结合起来,同解决实际问题相结合,这也是陈云一贯的工作作风。

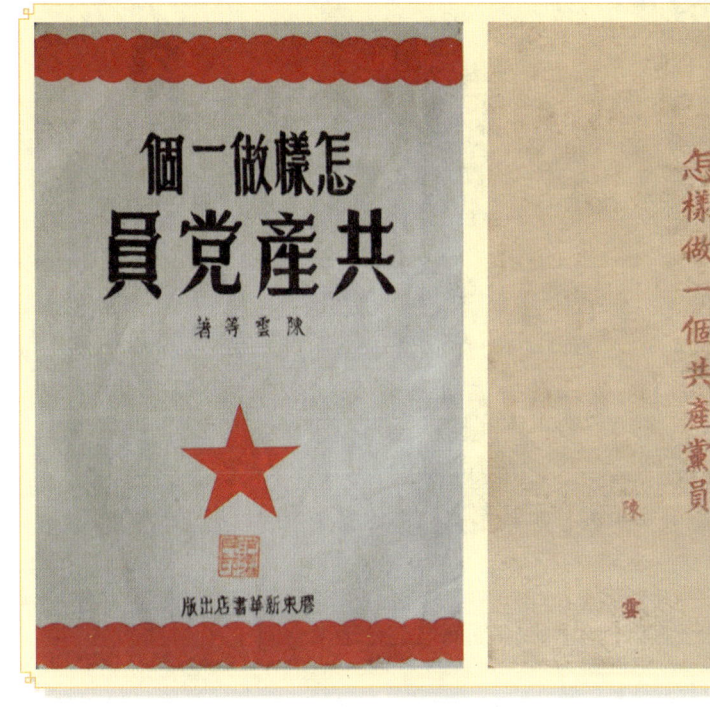
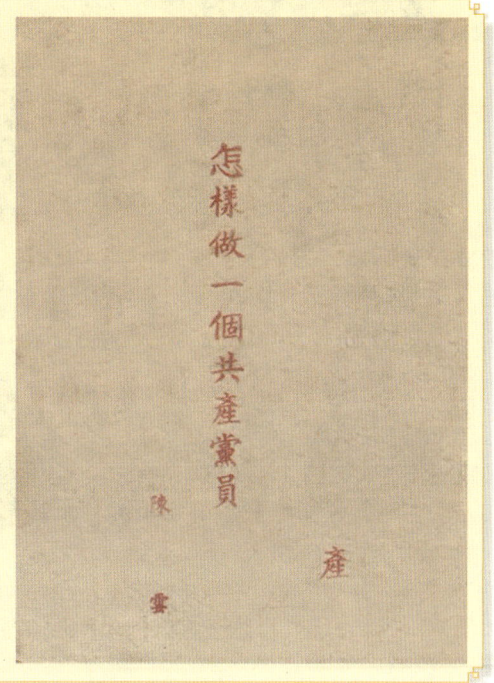

陈云《怎样做一个共产党员》

延安时期,陈云十分重视对历史的学习。1939年5月,陈云在机关刊物《解放》上发表《怎样做一个共产党员》,提到作为共产党员,"要研究中国的历史和实事政治的情况,不然也就不能规定当前的革命工作的任务和方法"。1942年2月,中央通过了陈云关于总结十年内战时期白区工作及抗战五年来国民党统治区域工作的建议,成立了白区工作总结委员会,陈云出任副主任。在陈云等人的领导下,白区工作总结委员会进行了大量的研究工作,为中央在整风运动中全面总结党的历史经验提供了帮助。

陈云在青浦农村调查期间与公社干部合影

1942年3月18日,中央书记处工作会议决定中央高级学习组与白区工作总结委员会共同开始研究中共党史。5月,中央成立以毛泽东、凯丰、康生、李富春、陈云五人组成的中央总学习委员会。陈云成为了延安整风学习和党史教育的主要领导者与组织者之一。在广泛深入学习的基础上,1942年底到1943年初,西北局召开高干会,总结了西北苏区历史问题，检讨了抗战以来边区党内的思想动向，加强了党的统一领导。这次高干会"对过去历史、当前任务（生产与教育）、整顿三风、精兵简政、统一领导诸问题都圆满解决，气象一新，各事均好办了"。可以说，取得这样的成果与陈云的努力是分不开的。

陈云在日常工作中注重调查研究。1961年六七月间，陈云到青浦县小蒸公社搞调查，一住就是半个月。在青浦，陈云听汇报、访群众、下田地、看猪圈、开座谈，听到了群众掏心窝子的话，也真正了解了当时农村的现状。陈云的这次调查研究，为党中央认清农村生产形势，调整农村政策发挥了重要作用。

社会主义是干出来的，不是吹出来的。陈云注重把握历史时机，顺应而为，奋发有为，充分发挥党史以史鉴今、资政育人的作用。而这为我们认真总结党的历史、重视学习党的历史、善于运用党的历史提供了重要遵循。

忠实记录、宣传和还原遵义会议的历史细节

陈云始终坚持以实事求是的立场、观点和方法看待历史，在党史这个问题上，始终采取历史唯物主义的态度。延安时期，陈云通读了不少哲学著作，尤其是毛泽东的文章，反复思索，收益很大。在他看来，不把思想方法搞对头，对辩证唯物主义一窍不通，就总是会犯错误。陈云将马克思主义哲学用在对待历史的态度上就是实事求是，尤其是对待重要人物、重大事件的分析上，力求准确、客观、全面地展现于人前。

1982年5月，陈云收到一份有关遵义会议的历史档案，这份档案

介绍了遵义会议的酝酿过程、主要内容以及中央组织人事变动的情况，是一份非常完整的有关遵义会议的档案材料。可惜的是，这份档案缺少一部分内容，从而无法得知档案形成的时间和作者。陈云仔细辨认、慎重考虑后，回复了中央档案馆："这份东西是我的笔迹，是我在遵义会议时，为向中央纵队传达会议情况而写的传达提纲，时间大约是在从威信到泸定桥的路上。因为过了泸定桥，中央决定我去上海恢复白区组织，从那以后我就离开了长征队伍。这份东西很可能就是当时留下的，后被其他同志带到了延安。"

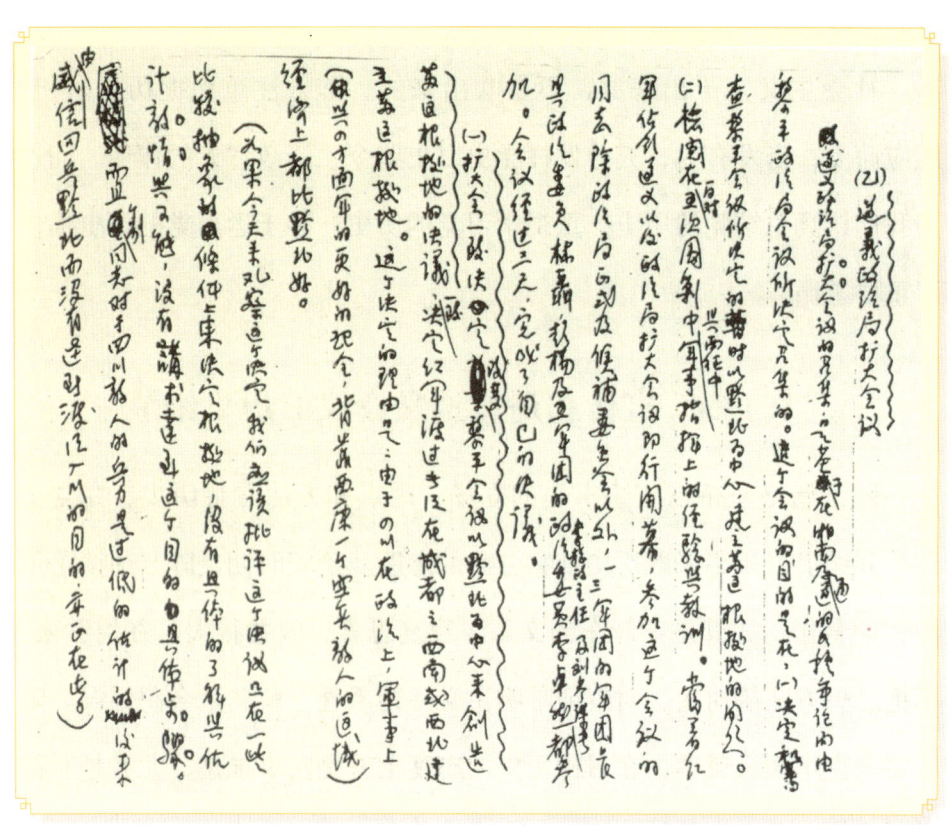

陈云在长征途中向红军干部传达遵义会议精神所写手稿

这份文件是苏联归还过来的，因此有人怀疑这篇文稿是陈云在莫斯科撰写的汇报材料。陈云还特地对秘书说：在苏联没有写过这样的东西。为了证明自己没有记错，陈云让中央档案馆将原件给他看，他发现这个原件用的纸是从一种叫"帕子簿"的练习册上面撕下来的，字也是用钢笔写的。于是陈云让秘书通过中共党史资料征集委员会了解，当时的遵义城内是否能买到这种纸和墨水。结果证明陈云记得没错，是在遵义会议后写的。1984年，胡乔木考证这份档案的形成时间是在威信到鸭溪的行军途中。陈云批示"同意乔木同志的考证"，不过也说"具体时间记不清了"，这足以证明陈云对待历史细节实事求是、严谨客观的作风。

遵义会议纪念馆以及中共党史资料征集委员会曾就几个历史细节问题向陈云征求意见。遵义会议纪念馆向陈云询问他是否在遵义会议会址住过。陈云特地回复了纪念馆：确认他没有在遵义会议会址住过，会后回到遵义卫戍司令部居住。陈云还专门交待，只要在遵义会议会址的说明词写明他参加了会议，当时住在什么地方，那里现在作什么用，就足够了。

中共党史资料征集委员会就《关于遵义政治局扩大会议若干情况的调查报告（征求意见稿）》中有关毛泽东在遵义会议上是否被增补为书记处书记、遵义会议前后中央是否设有总书记职务等问题向陈云咨询。陈云从当时历史背景讲起，谈到六届四中全会和五中全会都没有设书记处和常委。有的历史文件或者一些同志的回忆之中可能出现过书记处书记、常委的名称，那也是由于当时中央有一个处理日常工作的领导核心，而这个核心的名称不那么固定，也不那么严格。所以，毛泽东在遵义会议上被增补为书记处书记也好，说他被增补为常委也好，只是表明毛泽东在遵义会议上进入了党中央政治局的领导核心，而不表明当时中央正式设有书记处和常委。六届四中全会后，王明和博古虽然先后担任过党中央的负责人，但都没有总书记的称号，所以，张闻天接替博古的工作，也只能是接替他在中央负总的责任，而不会是接替他任总书记。陈云还回复中征委，董振堂没有参加遵义会议，他本人没有参加通道会议。

陈云在艰难的条件下，撰写了有关遵义会议的历史文献，随后还写下《关于红军长征和遵义会议情况的报告》与《随军西行见闻录》，成为党的历史上向世界宣传红军长征的第一人。红军长征是我们党历史上的一次检验真理的伟大远征，不仅保存了革命力量，使我们党找到了中国革命力量生存发展新的落脚点，找到了中国革命事业胜利前进新的出发点，还用生命和热血铸就了伟大的长征精神，给后人留下了宝贵的精神财富。陈云所写的几份文献在当时发挥了重要作用，也为今天我们了解、研究遵义会议留下了十分珍贵的文献材料。

陈云始终坚持将历史事件放在特定历史环境中去考察，帮助厘清了党史上的重大问题，忠实还原党史真相。陈云坚持实事求是的党史观，让历史立得住，立得稳，为我们研究历史重大事件提供了借鉴。

把党的历史"立全面、立准确"、把重要问题"讲清楚"

辽沈战役是解放战争中三大战役的第一个战役，这次战役的胜利从根本上改变了敌我双方力量的对比，为解放战争的胜利奠定了重要基础。1983年辽沈战役纪念馆搜集整理了有关辽沈战役的一些回忆文章，准备印制出版，拟定书名为《辽沈决战》，并请陈云题写书名。陈云在了解该书后认为该书还需要改编，尤其是如何看待辽沈决战胜利的原因以及如何看待林彪与苏联在胜利中所发挥的作用，需要重新审视，要还原历史真相，符合历史唯物论。陈云提到："这样一些问题，《决战》应当如实地按照事情本来面貌写上去。要通过对这些历史问题的论断，再一次说明中国共产党人是公正的。"

1983年8月上旬，陈云就《辽沈决战》一书的编辑方针和方法问题同秘书进行了八次谈话，陈云指出："编这本书不仅应使大家知道战役的经过，而且应使大家知道取得胜利的多方面原因，即：（一）苏联红军出兵东北，打败了日本关东军；（二）全国各个根据地的支援；（三）动用了正规部队剿匪；（四）进行了土地改革；（五）建立了巩固的东北革命根据地；（六）最重要的一点，是由于党中央、毛主席为东北局制定了完全正确的工作方针，为辽沈战役制定了完全正确的作战方针。战役参加者的作用，战役的组织、指挥，这些对于战役的胜利无疑十分重要。""只有这样看待辽沈决战，才是符合历史唯物论的。""意见中还提出：这本书在编法上要改变一下，要加进一些重要的历史文件和各方面有代表性的同志的回忆文章。要请几位当时在东北工作的老同志来主持编辑工作，由中央党史资料征集委员会和辽沈战役纪念馆合编。书编好后要送中央军委把关。只要能把这段历史立全面、立准确，多花些时间是值得的。"

谈到林彪在辽沈决战中的作用时，陈云将他放到了当时的历史背景之下去考虑，具体分析了林彪的功与过。陈云强调，"林彪作为四野的司令员，在当时正确的地方，我们也不必否定。但是不能只看到这一方面的作用，还必须看到其他方面的作用。"1983年8月13日，陈云就《辽沈决战》一书改编问题召集座谈会。陈云在座谈会上发言道："有关苏联和林彪在东北解放战争的作用问题是两个敏感问题，但在编写时都不能回避，否则这段历史说不清。"陈云是非分明，还提到"林彪是林彪，林彪的老部下是林彪的老部下""在这个问题上，我们应当采取历史唯物主义的态度"。

1984年9月15日，萧华前来看望陈云，俩人就《辽沈决战》一书编辑中的几个问题进行了探讨，尤其是就不好处理的林彪问题交换了意见。陈云认为："林彪开始也说过要'死守马德里'，但后来改变了意见，不主张占大城市了。""林彪那时从四平、长春撤下来是对的。但林彪也有错误，主要是在辽沈战役中，打下义县后他不敢接着打锦州，而要回师长春。""在写辽沈战役时，要讲到林彪的作用，但重点写罗荣桓，他是政委。要把林彪和林彪的部下加以区别。"

苏联在辽沈决战中也起到了很大的作用。陈云在总结辽沈决战胜利时将苏联的作用放在了第一位。在中苏关系紧张、僵持的背景下，陈云坚持唯物史观，正视苏联对中国的帮助，十分难得。他提到："如果没有苏联红军出兵东北，我们的力量不可能发展那么快。苏联一方面受中苏协定约束，要把大城市和铁路干线移交给国民党，另一方面明里暗里帮助我们。那时，东北北有苏联，东有朝鲜，西有蒙古，我们就像坐在沙发里，缺什么可以向苏联要，南满的伤兵、弹药可以通过朝鲜转运。因此，要写苏联、朝鲜对我们的帮助，回避是不合乎历史的。"曾在东北主持过工作的陈云，对辽沈决战如实的叙述，让这段历史更加立体、丰富、全面、准确地展现于人前。

陈云实事求是看待发生的重大问题，为冤假错案中的同志仗义执言，帮助平反，澄清对党史上一些历史问题的模糊认识和片面理解，正本清源，为我们树立正确的党史观起到了带头作用。

十一届三中全会举行前的中央工作会议上，陈云在东北组发言提出了对六个亟待解决的重大历史遗留问题的处理意见，要求对历史上几个重大的冤假错案进行平反，包括薄一波等61人所谓叛徒集团一案。陈云表示："他们出反省院是党组织和中央决定的，不是叛徒。""中央应该承认'七七决定'和一九四一年的决定是党的决定。对于那些在'文化大革命'中被错误定为叛徒的同志应给以复查，如果并未发现有新的真凭实据的叛党行为，应该恢复他们的党籍。"还有陶铸、王鹤寿等人的冤案问题，陈云认为应该"由中央组织部复查，把问题放到当时的历史情况中去考察，做出实事求是的结论"。

1979年陈云还在病中，手术前还专门给胡耀邦写了一封信，提出潘汉年一案需要重新审查。为此，陈云还特地委托与潘汉年同时在上海从事地下工作的刘晓与廖承志一起收集相关材料。中央采纳了陈云的建议，要求中纪委复查潘案，才否定了潘汉年是"内奸"的结论。1982年8月23日，党中央发出了关于为潘汉年平反昭雪、恢复名誉的通知。在潘汉年平反昭雪之后，按照中央规定，上海成立了复查清理小组，对因潘案株连受错误处理者进行复查，被复查者800多人，其中绝大部分得到平反并妥善处理。一位当事人著文写道："这一沉冤27年、两次被定为'反革命'的有关潘汉年的错案，能得以平反，如果不是具有高度马列主义水平、坚持实事求是原则并有领导隐秘斗争经验的陈云同志提议，此案的复查可能推迟，平反也可能不那么顺利。每念及此，心中就油然升起对陈云同志的敬意。"

针对"伍豪事件"，陈云曾指出："我当时在上海临时中央。知道这件事的是康生同志和我。对这样历史上的重要问题，共产党员要负责任，需要向全党、全世界共产主义运动采取负责的态度，讲清楚。这件事完全是国民党的阴谋。"同时，他还写出书面发言："我现再书面说明，这件事我完全记得，这是国民党的阴谋。"

1981年陈云在人民大会堂参加原中共中央特科工作者专题座谈会时，还特意提到要把"伍豪启事"的前前后后说清楚。这项工作提出后，中央党史资料征集委员会、中央文献研究室和中央党史研究室便抽调专人，在陈云指导下，进行了史料收集和文章撰写工作。文章撰写过程中，陈云经常过问，提出意见，付出了大量心血，在《"伍豪事件"前前后后》文章初稿完成后，陈云亲自审阅了全部内容和全部附件。1983年1月23日，陈云将《"伍豪事件"前前后后》一文及其附件批转胡耀邦、叶剑英、邓小平等人，并交中央办公厅将其印发政治局、书记处、中央有关部门和各省市存档，由党史资料征集委员会将该文（不含附件）在内部刊物上发表。

陈云还专门为此文写了书面说明：把"伍豪启事"的前前后后搞

清楚,是一九八一年十一月八日我在特科工作者座谈会上提出的。"伍豪启事"发生在30年代初我党处于秘密状况下的上海。过去,党内知道有这个启事的人很少,知道这个启事系敌人伪造的就更少,知道地下党曾采取措施给予公开揭露的大概只有几个人。当时,我虽在上海临时中央,但已离开特科到全总任党团书记,所以我只知道报上登出这个启事是敌人阴谋,而不了解地下党设法揭露这个阴谋的情况。现在有了李一氓关于如何用巴和名义在《申报》上登出"周少山紧要启事"的回忆,又有了原《申报》工作人员关于《申报》刊登所谓"伍豪启事"来龙去脉的文章,这件事的前前后后就完全搞清楚了。

陈云的努力,让这些历史客观公正地展现在世人面前,这体现了一名中共党史实践者、亲历者、见证者对待历史的高度责任感以及对历史唯物主义的坚持,这也为全面认识科学认识中共党史提供了导向性的正确结论。

科学评价毛泽东及毛泽东思想

陈云对学习研究党史最集中最重大的贡献,就是他在科学评价毛泽东这一重大问题上的贡献。如何正确评价党史上的重要人物,是党史研究的一个非常重要的问题。陈云主张将历史人物放在当时特定的历史背景中,根据当时的客观环境来分析和评价,从大局出发,一分为二地进行评判,从而还原符合历史原貌的党史事件与人物。

1976年粉碎"四人帮"后,随着拨乱反正的全面展开,如何正确评价毛泽东和毛泽东思想的历史地位,如何正确对待毛泽东晚年所犯错误，成为关系党和国家前途命运尤其是改革开放能否顺利推进的重大理论和政治问题。只有解决好这个问题，才能彻底告别"两个凡是"，真正完成党在指导思想上的拨乱反正，把干部群众的思想统一到党的十一届三中全会确定的路线方针政策上来，为推进改革开放和社会主义现代化事业奠定坚实的思想基础。

如何正确地对待毛泽东和毛泽东思想，对毛泽东和毛泽东思想的历史地位作出符合实际的、经得起历史检验的正确评价，已经成为当时在全党范围内亟待解决的一个重大思想问题，直接关系到改革开放和社会主义现代化事业能不能顺利前进。

对这个重大问题，中共十一届三中全会进行了热烈的讨论，并形成了一定的共识：这就是邓小平在十一届三中全会主题报告中所说的"毛泽东同志在长期革命斗争中立下的伟大功勋是永远不可磨灭的"，"毛泽东思想永远是我们全党、全军、全国各族人民的最宝贵的精神财富"。

对此，陈云深表赞同。1979年1月4日，陈云在中央纪委第一次全体会议的讲话中指出："我们党从一九二一年成立，到现在已经快五十八年了。中国共产党是胜利了的执政党，是毛泽东同志领导我们党取得了伟大胜利。邓小平同志对毛泽东同志的功绩概括得很清楚。他说：没有毛主席，就没有新中国；没有毛主席，我们党很可能还在黑暗中苦斗。""要求革命领袖没有缺点、错误是不可能的，是空想。这不符合辩证唯物论，也不符合毛泽东同志本人的意见。"

中华人民共和国成立30周年庆祝活动后，起草历史决议的工作正式提上议事日程。1980年2月，起草小组草拟出历史决议的提纲，送邓小平审阅。邓小平看后，提出了起草历史决议的三条总的原则："第一，确立毛泽东同志的历史地位，坚持和发展毛泽东思想。这是最核心的一条。""第二，对建国三十年来历史上的大事，哪些是正确的，哪些是错误的，要进行实事求是的分析，包括一些负责同志的功过是非，要做出公正的评价。""第三，通过这个决议对过去的事情做个基本的总结。还是过去的话，这个总结宜粗不宜细。总结过去是为了引导大家团结一致向前看。"陈云非常重视历史决议的起草工作。他完全赞成邓小平提出的三条总的原则。从1980年6月至1981年3月间，陈云先后7次找胡乔木、邓力群等谈话，提出自己对起草历史决议的意见。

起草历史决议，首先要正确评价毛泽东，确立毛泽东的历史地位，坚持和发展毛泽东思想。这是邓小平讲的最核心的问题，陈云对此坚决支持，他明确指出："《决议》要按照小平同志的意见，确立毛泽东同志的历史地位，坚持和发展毛泽东思想。"陈云认为，评价毛泽东功过是非的原则是实事求是，功是功，过是过，要"敲定"，否则会被后人否定。1980年7月3日中共中央书记处会议讨论历史决议起草时，胡乔木转达了陈云的意见："陈云同志讲，一定要在我们这一代人还在的时候，把毛主席的功过敲定，一锤子敲定。一点一点讲清楚。这样，党的思想才会统一，人民的思想才会统一。如果我们不这样做，将来就可能出赫鲁晓夫，把毛主席真正打倒，不但会把毛主席否定，而且会把我们这些作含糊笼统决议的人加以否定。因此，必须对这个问题讲得很透彻。"

陈云在同起草组负责人谈话中着重指出："关于建国以来三十二年

中党的工作的错误,一定要写准确,论断要合乎实际,要把它'敲定'下来。"他解释说:"'敲定'是上海话,敲是推敲的意思,定是确定的意思,就是说,反复推敲,反复斟酌,使它能够站得住,经得起历史的检验。"陈云同意邓小平"宜粗不宜细"的意见,并指出:"在这个原则下面,是成绩就写成绩,是错误就写错误;是大错误就写大错误,是小错误就写小错误。要分别不同情况,把它'敲定'下来。"

陈云和胡乔木在一起

陈云指出,科学地评价毛泽东和毛泽东思想,并不是要回避毛泽东晚年的错误,而必须采取马克思主义的实事求是的科学态度。1980年11月上旬,陈云先后两次约见胡乔木,主要就决议中如何写毛泽东的错误谈了他的看法。根据胡乔木的回忆,陈云谈了三点意见:一、毛主席的错误问题，主要讲他违背民主集中制，着重写这个，其他的可以少说。二、整个党中央是否可以说，毛主席的责任是主要的。党中央作为一个集体，也要把自己的责任承担起来。三、毛主席的错误，地方有些人，有相当大的责任。

陈云对毛泽东晚年错误的这种分析，是客观的、实事求是的，对历史决议如何正确评价毛泽东，以至总结"文化大革命"的错误，无疑具有重要的启发作用。

在历史决议的起草过程中，陈云提出了不少重要思想和意见，尤其是提出加写回顾建国以前28年历史的段落这一条，解决了决议起草中遇到的一个重大困难。

1981年3月，陈云在同邓力群的一次谈话中提出，决议要达到确立毛泽东的历史地位，坚持和发展毛泽东思想的目的，使大家通过阅读决议很清楚地认识这个问题，就需要写上中国共产党成立以来毛泽东的贡献，毛泽东思想的贡献。因此，他明确提出"建议增加回顾建国以前二十八年历史的段落"。他说："有了党的整个历史，解放前解放后的历史，把毛泽东同志在六十年中间重要关头的作用写清楚，那末，毛泽东同志的功绩、贡献就会概括得更全面，确立毛泽东同志的历史地位，坚持和发展毛泽东思想，也就有了全面的根据；说毛泽东同志功绩是第一位的，错误是第二位的，说毛泽东思想指引我们取得了胜利，就更能说服人了。"

陈云的这个建议至关重要。当时的情况是：在历史决议起草过程中，大家感到应该正确评价毛泽东的功过，确立毛泽东的历史地位，但囿于"建国以来"这一定语的限制，思维定势一直难以突破。陈云建议增加建国前 28 年历史的回顾，使人豁然开朗，使问题迎刃而解了。

1981 年 6 月 27 日至 29 日，十一届六中全会在北京举行。会议一致通过了《关于建国以来党的若干历史问题的决议》，这个决议，运用马克思主义的辩证唯物论和历史唯物论，对建国 32 年来党的重大历史事件特别是"文化大革命"作出了正确的总结，科学地分析了在这些事件中党的指导思想的正确和错误，分析了产生错误的主观因素和社会原因，实事求是地评价了毛泽东的历史地位，系统论述了毛泽东思想的基本内容和指导意义。正确评价毛泽东，确立毛泽东的历史地位，坚持和发展毛泽东思想，就是肯定我们党的历史，就是坚持党的领导，坚持社会主义道路。这是我们党的立党之本，立国之基。从这个意义上说，历史决议无疑具有极为重大深远的政治意义和理论意义。

明镜所以照形，古事所以知今，陈云历来重视总结历史经验、把握历史规律，从而指导现实工作。而我们也应该注重学习党的奋斗历程和伟大成就，以此来鼓舞斗志、明确方向；学习党的光荣传统和优良作风，以此来坚定信念、凝聚力量；学习党的事件创造和历史经验，以此来启迪智慧、砥砺品格。

叶剑英与党史学习

叶剑英

叶剑英是重视学习党史的模范,他不仅认真学习和总结党的历史,从中汲取智慧和力量,同时在党史学习方面提出了许多在今天仍有重要指导意义的主张和见解,为我们提供了宝贵借鉴。

"编写党史,要同阐明马列主义、毛泽东思想一致起来"

叶剑英是坚定的马克思主义者,是优秀的共产主义战士,他自幼接受中国优秀文化传统的教育,逐步萌发出救国救民的思想。俄国十月革命胜利后,特别是第一次国共合作的局面正式形成后,叶剑英怀着追求真理的渴望,阅读了列宁的著作和介绍俄国革命的书籍,开始认识到马克思主义为无产阶级和劳苦大众指明了正确的革命道路。在轰轰烈烈的大革命中,他亲眼目睹了中国共产党在反帝反封建斗争中的先锋作用,对共产党有了进一步的认识,主动积极向党组织靠拢。同时,叶剑英还积极参加群众运动,在实践中接受教育,完成了从一个正直的民主主义者向彻底的共产主义者的转变。叶剑英回忆这段历史时曾动情地说:"后来经过学习马克思主义,树立了共产主义世界观,懂得了社会发展的客观规律,懂得了资本主义必然灭亡,共产主义必然要代替它,如同资本主义必然要代替封建主义一样。这样共产主义必然要胜利的信念就始终坚定不移。"

叶剑英不仅信仰坚定,也经常告诫党内同志,要做真正的共产党人,就必须有坚定的信仰。他强调,党员必须有高度的觉悟,要有共产主义的觉悟。他指出,新民主主义是我们党的最低纲领,共产主义是最高纲领,因此,我们要有共产主义的觉悟。他经常对身边的同志讲,每一个共产党员,都要学好党章,不能忘记自己的入党誓言,不能忘记共产党人的远大理想。叶剑英说:"所谓共产主义觉悟,不是讲讲《共产党宣言》就行了。共产主义的理论很多人看过,有的看过几遍,但单单这样还不行。提高觉悟是个不断斗争,不断教育的过程,要一天天地积累,一天天进步,一步步提高,不能一步登天。"

叶剑英强调:"我们要做坚定的马克思主义者。我们坚信,马克思主义的创始人马克思和恩格斯通过千辛万苦,研究了历史,研究了自然,研究了无产阶级革命,创立和奠定了人类最革命最进步的科学。这是解放无产阶级、一切被压迫民族和全人类的真正科学。"他指出:"我们党的历史,是马列主义的普遍真理同中国革命具体实践日益结合的历史,也就是毛泽东思想发展和胜利的历史。编写党史,要同阐明马列主义、毛泽东思想一致起来。它们实际上是一回事,不是两回事。"他还经常结合党的历史和现实,用自己的经历和感受教育大家,马列主义不是停止的,是向前发展的,是"一定要随着实践的发展而向前发展,停止了,它就没有生命了"。叶剑英郑重告诫道,作为具有指导意义的马列主义、毛泽东思想基本原理,任何时候都是不能违背的。他要求每个共产党员特别是党的领导干部,要认真学习马列主义、毛泽东思想基本原理,自觉用马列主义、毛泽东思想武装头脑,努力在实践中丰富和发展马列主义、毛泽东思想。

"中国的经验证明了毛泽东同志的伟大"

旗帜鲜明讲政治,既是马克思主义政党的鲜明特征,也是我们党一以贯之的政治优势。我们党之所以能够带领中国人民创造世所罕见的奇迹,关键就在于党的领导,靠的就是千千万万党员对党的无限忠诚。叶剑英在讲政治方面为共产党人作出了榜样,他在抗日战争时期,就提出把学习政治作为教育我党我军的一项非常重要的工作,指出:"革命的政治和军事的统一性及军事对于政治的依从性——战争是政治的继续,已成为不可争辩的真理。"新中国成立后,叶剑英在致力于军队现代化建设的同时,高度关注军队的革命化建设。他在给中央军委的建议中回顾了党领导军队进行革命斗争的历史,指出:"我军在创建的开始,就确定了军事必须服从政治的原则,建立了党委集体领导下的首长分工负责的领导制度,建立了政治工作制度,并把政治工作看作是军队的生命线。"他强调,必须彻底地纠正忽视党的领导和政治工作的偏向,"以保证党对军队的绝对领导,保证政治工作在我军中发挥应有的作用"。在改革开放和社会主义现代化建设新时期,叶剑英对党员领导干部提出了更加明确的要求,他指出:"一是坚决拥护党的政治路线和思想路线;二是大公无私,严守法纪,坚持党性,根绝派性;三是有强烈的革命事业心和政治责任心,有胜任工作的业务能力"。

保证全党服从中央,维护党中央权威和集中统一领导,是党的政治建设的首要任务。叶剑英始终坚定维护毛泽东的正确领导,高举毛泽东思想的旗帜。他曾讲到:"我们全党全民和军队对毛泽东同志的敬爱,不是偶然的,是因为在几十年内,他的领导是正确的。在最困难的情况下,他指出了正确的方向,领导我们摆脱了困难,同时使全党认识到,马列主义的普遍真理要与中国革命的具体情况相结合。所以说,我们中国的经验证明了毛泽东同志的伟大。"他不止一次强调:"没有毛泽东就没有中国的今天和未来。""毛泽东的旗帜是我们党的旗帜,我们要世世代代高举,不能丢掉"。叶剑英作为以邓小平同志为核心的党的第二代中央领导集体的重要成员，他紧密结合党的历史对邓小平的功绩给予了高度评价。1980年底，在中央政治局的一次重要会议上，他说："大家知道，小平同志在历史上对党做出过杰出的贡献。粉碎'四人帮'以后，在每一个重要关头，他都敏锐、果敢地提出一些正确的决策和主张。在我看来，小平同志具有安邦治国的卓越才能，他当全党的'军师'和全军的统帅，是当之无愧的。"在中央政治局的领导下，叶剑英同邓小平一起做了大量工作，使党和国家有了一个坚强的领导核心。

"人民之所好者，好之；人民之所恶者，恶之"

我们党来自于人民，党的根基血脉在人民。中国共产党的百年历史，就是践行初心使命，同人民心连心、同呼吸、共命运的历史。叶剑英十分注重从党和军队的历史中深化对党的性质宗旨的认识，始终保持一位共产党人的鲜明本色。1961年，他在回顾人民解放军同国民党展开的战略决战时，充分肯定了人民群众在辽沈、淮海、平津三大战役中作出的重大贡献。他指出："三大战役的胜利，是毛泽东同志的人民战争思想的胜利。人民是历史的创造者，真正的力量属于人民。""革命战争有了广大人民群众的支援，尽管革命的武装力量开始的时候比较弱小，但是，最后终究要取得胜利。"1979年，他在庆祝中华人民共和国成立30周年大会上的讲话中全面回顾了中华人民共和国30年的历史，指出："共产党的领导是代表人民利益、执行人民意志的领导，马列主义、毛泽东思想既是人民革命实践经验的理论总结，又是坚决相信人民力量的科学。"他把人民群众的利益所在作为衡量我们党工作成败与否的根本，从党的历史中总结经验，要求全体共产党员，"要像革命战争时期那样，善于倾听群众的意见，全心全意为人民服务，和群众同甘共苦，和群众一起研究新问题，学习本领，一起为实现四个现代化进行坚持不懈的斗争"。

叶剑英把人民群众当作真正的英雄，认为只有深入群众，掌握群众，才会有取之不尽、用之不竭的源泉。历史已经证明，"每当我们的各级领导和广大干部能够密切关心群众利益，细心倾听群众呼声，深入体察群众情绪，诚恳接受群众意见的时候，我们的工作就可以少犯错误，即使犯了错误甚至严重的错误，也比较容易改正"。他希望共产党员能够以史为鉴，努力做到"人民之所好者，好之；人民之所恶者，恶之"。战争年代，共产党与人民血肉相连；进入和平时期，更要时刻牢记党的宗旨，密切同人民群众的联系。叶剑英明确指出：执政党及其组成人员必须时刻警醒手中的权力是谁给的。"必须把人民授予的权力用来全心全意为人民谋利益。如果授权于人民而不对人民负责，或者把对人民负责同对上级负责对立起来，不深入现代化建设实际，不倾听群众的呼声，不接受群众的批评，不执行群众的意志，那就颠倒了主人与公仆的关系，丧失了人民公仆的资格。人民就有权收回授予他们的权力"。共产党员要当好人民公仆，全心全意为人民服务，这是叶剑英用党史教育党员领导干部牢记宗旨意识的生动范例。学习党史，首先要解决好的就是"我是谁、为了谁、依靠谁"的问题，牢记我们党为人民谋幸福、为民族谋复兴的初心使命，不断追求"我将无我，不负人民"的精神境界。

要通过学习党史加强党性修养

我们党一步步走到今天,从一个胜利走向另一个胜利,很重要的一条经验就是善于从党史中总结经验教训,不断提高应对风险,迎接挑战,实现转危为机的能力水平。叶剑英经历了革命、建设、改革各个历史时期,深知要应对前进道路上各种难以预知的风险挑战,必须总结好党的历史上的经验教训,从中汲取智慧和力量,经受住各种考验。比如,叶剑英对各种形式主义和官僚主义的危害保持着高度警惕。他指出:"官僚主义破坏我们党和群众的关系,使我们脱离群众,使群众不满,给我们的事业造成极大的危害。它是党的大敌、国家的大敌,是我们社会主义现代化建设的大敌。"他希望全党重视这个问题,对各种形式的官僚主义进行坚决斗争。他告诫全党说:"我们不能允许那些官僚主义者把我们的国家机关变成官僚主义机构"。叶剑英还从党的历史发展中深切认识到庸俗腐化的严重后果,指出搞庸俗化,搞蜕化,搞自由化,搞腐化不仅危害党与人民群众的关系,危害我们队伍中的干群关系,而且败坏党的威信和形象。他强调,一定要和庸俗腐化的现象作坚决斗争,把腐败分子从队伍中清除出去。

叶剑英十分珍重我们党在历史上形成的优良传统,经常要求党员领导干部不要忘记党的优良传统,特别是要用好批评和自我批评这个武器。早在建国前夕,叶剑英就曾经对同志们说过:"共产党缺少了批评与自我批评,是要死亡的。政权缺少了自我批评和互相批评,一定要腐化"。他还指出,要造就和培养一大批革命事业的接班人,不断增添干部队伍中的新生力量。他要求,"这些干部要勇于坚持真理,修正错误;富于斗争精神,作风正派,正大光明,实事求是,敢讲真话,绝不做那种投机钻营、墙头草、两面倒式的人物。这些干部要能够发扬民主,勇于自我批评,善于团结同志,绝不做那种高踞于群众之上的官老爷。这些干部还要善于学习,思想解放,有革命的事业心,有科学态度和求实精神,有把我国建设成为社会主义现代化强国的雄心壮志,绝不做那种固步自封、无所作为的庸人。"这些都是叶剑英总结党史得出的深刻结论,这些党的优良传统,在今天仍然具有重要的指导意义和现实意义。

党员领导干部都来用心研究我们党的历史

叶剑英一生勤奋好学,有"儒帅"之称。他不仅深入学习党的历史,从中总结经验教训,还特别注重和善于把理论和实践相结合,用学史得出的经验来关照现实、推动工作。他在担任军事科学院院长兼政委时,就曾经谈到研究工作要遵循厚今薄古的方向。他说:"我们研究过去,研究古代战争,是为了解决现代的战争问题,不是为了研究过去而研究过去。博古是为了通今。"1977年,叶剑英在中央党校开学典礼上的讲话中专门谈到了要坚持和发扬理论联系实际的学风,他特别强调,全党干部要把毛泽东的全部思想财富继承下来,"熟悉党的全部斗争历史和丰富经验,为巩固和发展我们的伟大事业而努力奋斗。""为着这个目的,在我们面前摆着一个重大任务,就是研究和编写党史。"他认为,中国共产党领导了一个情况极其复杂的大国的革命,并且取得了伟大的胜利。在长期艰难困苦的斗争中,既有成功的经验,也有失败的经验。

所有这些经验，都是异常宝贵的。他指出，党中央号召全党研究党史，这是我们党思想理论战线上一个重大的战略决策。同时，他希望党员领导干部都来用心研究我们党的历史。

叶剑英对学习党史的重要性有着深刻的认识，同时，他也强调学习的目的是要打开我们党继往开来的新局面。他指出，"我们进行社会主义现代化建设，不仅是大大提高社会生产力，而是从经济基础到上层建筑的一场深刻的社会革命。"为适应现代化建设的要求，我们就要学习，"我们要大力提倡勤奋的学习态度，认真学习马列主义、毛泽东思想，还要努力学习科学技术，学习现代化的经济管理，还要学习外国的先进经验。要向劳动人民学习，向有经验的专家学习，向一切懂行的人学习，使自己尽快成为'内行'。不然的话，我们对实现现代化就会失去发言权。"叶剑英强调，"我们的学习一定要密切联系实际，这是我们党一贯倡导的优良学风，必须坚持。"这对于我们今天应该怎样学习党史具有重要启发。中国特色社会主义进入新时代，我国面临着来自国内外的各种前所未有的挑战，开展党史学习，就是要教育全党通过总结历史经验教训，着眼解决现实问题，确保我们党能够更好应对前进道路上各种可以预见和难以预见的风险，始终走在时代前列，始终成为全国人民的主心骨，始终成为中国特色社会主义建设事业的坚强领导核心。

李先念与党史学习

李先念

　　李先念善于向书本学习、向实践学习、向群众学习、向一切内行的同志学习。其中，结合党的历史进行学习，锤炼自己的无产阶级革命党性和政治品格，通过党的历史来教育干部群众，创造性地开展革命斗争和领导经济工作是他的一个鲜明特点。李先念关于学习党的历史的论述和实践对后人有诸多启发和借鉴意义。

　　李先念只读过三年私塾，是在革命斗争和工作实践中成长起来的党和国家领导人。他说："我是一穷二白，一无所有，什么工作方法，指挥水平，领导艺术，都是学来的。"李先念认为，党的历史是教育党员的生动教材。学习党的历史，是李先念学习的一个重要方面，也是他的一个重要工作方法。

强调通过党史学习，提升理论水平，增强工作本领

西路军失败后，李先念率西路军余部历尽千辛万苦到达新疆，对外称"新兵营"。为适应抗日战争的需要，党中央决定"新兵营"就地学习，学习内容包括文化知识、政治理论、军事技术三门。其中，政治理论学习是李先念等高中级干部的重要课程，内容主要有毛泽东、列宁的著作以及中国近代史、党的建设等。这是李先念第一次有机会较系统地进行马列主义理论、党的历史的学习。1937年底，李先念从新疆回到延安，先后在抗日军政大学、中共中央马列学院学习。在马列学院，李先念聆听了毛泽东、张闻天、周恩来、刘少奇等同志关于抗战形势和哲学、党的建设的讲演或报告，系统学习了党的历史。李先念后来回忆说，这两次学习，提高了自己的马列主义水平和观察问题、分析问题的能力，受益匪浅。

在抗日战争期间，李先念一向重视部队对于党的历史的学习，以此来提升指战员们的理论水平，增强斗争经验。1942年10月，李先念在新四军第五师干部大会上，专门提出要反对轻视学习的倾向。他批评说：五师中有些干部要求学习的精神的确是很弱的。他们不看书，不提高文化程度，不深入研究问题，不求上进。上级发的书，他不看，放在箱子里。这种人，我给他起个名字，叫做"保存马列主义者"。李先念

联系以往的斗争历史指出，革命斗争的方式不是永远不变的。他号召大家不能停留在固定的阶段而心满意足，应适应形势的变化，结合党的历史经验，努力学习，力求进步。

1952年上半年，随着"三反""五反"斗争取得胜利，镇反、土改、民主改革运动也行将结束，李先念提出应该把领导重心转到全面开展增产节约与生产改革方面上来，并号召湖北的党员干部应当加强学习经济工作。他回顾党的历史说：红军开始时并没有多少人懂军事科学，经过学习和实践，我们也就逐步学会了，党内涌现出一大批军事家，今天为什么就不能学会经济科学呢？1952年7月1日，李先念在《新武汉报》发表署名文章，倡导大家学习党的历史，百倍努力学好经济工作。他指出：这一问题，在我们党来说，不是今天开始提出的。多少年以前，我们党的领袖毛主席就号召我们必须注意经济工作。面临着革命的胜利，随着发展经济的客观条件逐步具备，又适时提出了学习经济工作的具体要求，制定发展我国经济的政策与方针，提出了经济工作的方法。七年以前，毛主席号召我们两三年内完全学会经济工作。中华人民共和国成立以后，他更严肃地指出：严重的经济建设任务摆在我们面前，我们熟悉的东西有些快要闲起来了，我们不熟悉的东西在强迫我们去做。我们必须学会自己不懂的东西，我们必须向一切内行的人们（不管什么人）学经济工作。在李先念的领导下，全市党员干部迅速掀起了学习经济工作的热潮，各行各业制定出切实可行的生产计划，掀起热火朝天的劳动竞赛，使武汉市的经济建设呈现出蒸蒸日上的繁荣景象。

强调通过党史学习,认识军情政情国情,解决实际问题

解放战争时期,刘邓野战军初到大别山时,有着光荣革命传统的大别山人民群众却避而远之。面对这种情况,李先念通过回顾、研究党的历史,分析了原因:从土地革命时期到现在,我们的部队,在大别山区是三进三出,每进一次,我们总是宣传,人在根据地在,决不让敌人侵占大别山一寸土地,决不让反动派残害老百姓,大别山是我们的家,大别山父老是爹妈。那时,决心好下,硬话好讲,可到时候,还是打得赢就打,打不赢就跑,我们一跑不要紧,可苦了老百姓。他们不能背起房挑着田跟我们跑,反动派卷土重来后,一些真心实意跟着共产党闹革命,支援我军的人民群众就遭难了。老百姓不能不怕,特别是"回头怕",想起来是要颤栗的。大多数群众,心里还是拥护解放军的,只是不敢表露。从历史中找出原因后,李先念提出,可以多做做调查研究,以实际行动真心诚意同人民群众交朋友,"现在应该把发动群众换成感动群众"。由于刘伯承、邓小平、李先念把大别山群众工作放在很重要的位置,积极倡导并身体力行,部队从上到下认真扎实地做群众工作,大别山人民终于由担心害怕到敢于亲近解放军,军民之间的鱼水关系逐步恢复。

对于新中国成立初期的湖北来说,发动群众完成修堤是一项造福百姓的工程。但群众对此却并不积极,甚至还有些抵触。究其原因,李先念通过学习、研究党的历史,找到了答案:在旧社会,地主恶霸以修堤为名盘剥百姓,长江、汉水流域的人民群众饱受堤霸的欺压,几乎家家都有一本血泪账；加上1949年的水灾，不少群众无家可归，衣食无着，因此提起修堤，群众就有一种抵触情绪。搞清原因后，为消除群众的顾虑，让群众从修堤中切实得到好处，李先念一方面要求各级政府深入细致做好组织发动工作，一方面指示有关部门精心制定修堤办法，同时积极争取中央人民政府拨发粮食，支持扶助群众生产度荒。在李先念以工代赈、合理负担的政策的号召下，人民群众热情高涨，以"修好大堤保家乡"为口号，男女老少齐上阵，一个群众性的大规模的修堤运动在湖北全省蓬勃地开展起来。

在社会主义中国的一个很小的局部允许保留资本主义制度，是20世纪80年代我国改革和建设中的一个新问题。对于这个问题的理解，李先念提出学习一下20世纪50年代我们党对西藏的政策。"当时我们允许西藏保留农奴制度，减少了阻力，实现了西藏的和平解放。如果不是因为后来达赖集团发动叛乱，我们是不会轻易改变这一政策的。采取这样的政策当然是一种让步，但是换来的是国家的统一，这是符合中国人民的根本利益的。"通过对党的历史的学习和比较，"一国两制"这种新问题就易于人们理解了。

强调通过党史学习，激发斗志，战胜困难

西路军失败后，李先念受命于危难之际，担任西路军工作委员会委员，负责统一军事指挥。为摆脱追敌，李先念主张部队向西进入渺无人烟的冰山雪岭。面临极其艰险的征程，李先念用红军长征的历史来激励自己和战友：雪山不是过了吗？草地不是过了吗？再恶劣的自然条件，

也难不倒英勇的红军。只要到达敦煌一带，便可相机转入新疆，为党保存一批战斗骨干。在李先念等的率领下，指战员们在祁连山里饮冰卧雪，风餐露宿，扶伤带病，历尽千难万险，终于胜利到达甘肃西部的安西附近。对此，徐向前在《历史的回顾》中给予高度评价："李先念受命于危难时刻，处变不惊，为党保存了一批战斗骨干，这是很了不起的。"

到达新疆后，李先念等就地学习。有些指战员常年驰骋疆场，很不习惯屁股坐在板凳上学习。有的说："没有文化，照样能打仗！"有的说："学它干啥，白费脑子！"针对这些错误观念，李先念经常深入各班组，与大家谈心，还通过重温、学习党的历史来鼓励大家端正学习态度，克服畏难情绪。他说："过去行军打仗，要纸没纸，要笔没笔，要书没书，现在条件好了，有吃有住，有书有笔，而且组织上还给请来了教员，所以我们要抓紧机会，珍惜时间，好好学习。学习文化知识是掌握军事技术和提高政治理论水平的必经之路，攻不下文化这座堡垒，别的堡垒你就别想夺取它。困难是有的，但并不可怕。雪山草地不是过来了吗？祁连山、戈壁滩不是过来了吗？现在总不会比那个时候困难吧！只要认真学习，多动脑筋，就一定能够攻取文化堡垒，完成党交给我们的学习任务。"在李先念的鼓励和模范带领下，指战员们逐步端正了学习态度。

1946年，李先念和中原军区部队在取得中原突围的胜利后，虽然跳出国民党军的围追堵截，但由于沿途不断受到国民党地方武装的袭击骚扰，战斗仍很频繁。为确保安全，机关部队在行进中多是翻山越岭，钻山沟。恶劣的环境，使突围部队陷入了极度疲惫、饥饿的境地。李先念感慨地说："这次突围比我们长征时某些方面还艰苦！"越是困难，李先念越是注意部队的政治思想工作。针对当时有些干部和战士的悲观、失望情绪，李先念召集部分旅、团指挥员和机关人员讲了一次话。他从长征、新四军第五师的一系列胜利讲起，说："长征困难不小，也很艰险。但是，每当我们克服了困难战胜了艰险，那种快乐和幸福是当皇帝老爷也享受不到的。"他充满信心地鼓舞大家：我们这次突围是成功的，国民党30万大军没有围堵住我们，那么多艰难险阻我们都闯过来了，眼前这点困难算得了什么！现在，我们很快就要和陕南游击队会合了，我们就可以放开手脚创建根据地，实现党中央、毛主席的战略设想！李先念根据原新四军第五师的经验，在没有敌情的时候，号召战士们进行文艺演出来活跃气氛。在李先念一系列措施鼓舞感召下，部队始终保持着高昂的士气。

强调通过党史学习，更加深刻认识党的宗旨，更好贯彻党的群众路线

新中国成立初期，李先念主政湖北。他多次强调：革命的胜利是中国人民在党的领导下将近30年斗争的结晶。在翻天覆地的伟大斗争中，我们的同志及人民究竟死了多少？流了多少血？是无法统计的。血的历史，我们活着的人都记得很清楚，并且是常谈的。李先念要求湖北党员干部要经常重温、学习党的历史，"要防止我们活着的人钻进光荣圈子里不肯出来，就只在那里谈'光荣'、吃'光荣'，而对今天艰巨的任务，再也不去理会它。党的老骨干是党的财富，是取得胜利与建设

国家的条件，不言而喻应该受到敬重；但不能背上劳苦功高的包袱，居功骄横，不然就要阻碍我们的进步，就割断了党与人民的联系"。

20多年的革命战争生涯，让李先念与老区人民结下了深厚的感情。促进老区经济的发展，提高老区人民的生活水平，是他最大的心愿。革命老区红安是李先念的家乡。李先念曾感慨地说红安"为革命做出的贡献大哟！一个40多万人口的县就牺牲了十三四万人，真是血流成河啊！那时，群众支援革命，什么都拿出来了，把我们当成了他们的儿子，他们为革命做出的牺牲太大了。如果我们不关心他们的疾苦，不让他们过上好日子，那就对不起他们，就是忘本！"李先念每次见到故乡来人都要问长问短，听到故乡有发展就十分高兴。1988年4月，李先念最后一次回红安。他与省、地、县的负责同志座谈时说："红安人民在革命战争年代作出过重大牺牲和贡献，有着光荣的革命传统，我们应当把这种光荣传统学习好、继承好。党员干部要以身作则，要争当模范干部，争做优秀党员，抓好党风建设。党风正了，社会风气和民风自然就会好转。共产党员要起模范带头作用。战争年代，党员干部总是冲在最前面，头带好了，什么事情都好办。要顾全大局，牢固树立全心全意为人民服务的思想。要当老实人，说老实话，办老实事，在共产党的领导下，真正的老实人是不会吃亏的。"他半是叮嘱，半是希冀地对当地干部说："家乡的事情就拜托你们了，希望你们经常有喜讯传到我那里！"

李先念晚年作为中国贫困地区发展基金会（中国扶贫基金会前身）名誉会长，十分关心我国的扶贫事业。1992年2月25日，李先念因肺炎住进北京医院。当天,他对前来看望的国务院扶贫领导小组负责人说:"我们不把老区建设好,就对不起老区人民。如果说我现在有什么心思的话,那就是老区的建设怎样加快。"1992年5月,病中的李先念仍然念念不忘扶贫工作和改变老区的贫穷落后面貌。他在医院听取了基金会领导同志的汇报后,深情地回忆党的历史说:"战争年代我在陕、鄂地区,那里的人民对我们帮助很大,那时群众生活很艰苦,但他们把仅有一点点吃的都给了我们。那些地方目前还很穷,我一直心里很不安。"贫困使他不安,而贫困地区的每一点发展又令他喜悦。当听说经济较发达的苏南支持陕南,实行两地干部交流,把陕南一些乡镇企业救活时,李先念很高兴。他还语重心长地说:搞好扶贫,造福当代,荫及子孙,功在千秋。5月27日,此时距离李先念逝世近一个月,他听说要在北京召开经济发达地区和贫困地区干部交流座谈会,致信祝贺说:"沿海经济比较发达的地区与贫困地区,通过干部交流,促进贫困地区的经济发展,是扶贫工作的一项创举。"李先念在信中殷切希望认真总结经验,大胆创新,以便逐步推广。

强调通过党史学习,汲取营养,锤炼无产阶级革命党性和品格

西路军失败后,李先念在"新兵营"学习期间,虽然条件较之前改善很多,但他要求"新兵营"的同志要一如既往保持艰苦奋斗的作风。有一次,他在散步时看到有个同志把吃剩的馒头和羊肉倒在坑里,就把分管领导找来现场,严肃地说:你们看看,这么好的白面馒头,这

么肥的羊肉全倒了，多叫人心疼啊！我们现在的好生活来之不易，是党中央代表想了好多办法得来的，是新疆人民支援的结果。他联系西路军忍饥挨饿的历史教育大家说："我们千万不要忘记在祁连山中挨饿受冻的日子，同志们要把富日子当穷日子过，革命的道路还长着呢！"

党的扩大的六届六中全会闭幕后，马列学院和抗大的很多学员都陆续安排了工作，走上抗日前线。一天，总政治部副主任谭政找李先念谈话，问李先念对组织决定安排他到八路军第一二九师当营长有什么意见。早在1933年，年仅24岁的李先念就担任红四方面军第三十军政治委员，之后历经长征、西路军征战等艰苦转战，立功无数，当时红军改编为八路军、新四军，部队缩编，干部降一两级也是正常的，但职务从军政治委员降至营长，连降6级，这是一般人所难以接受的！可李先念没有计较这些，此时他想到的是为革命英勇牺牲的战友，想到的是自己要"革命到底"。他坚定地回答："坚决服从组织安排。只要能扛枪打击日本侵略者，干什么都行。"毛泽东知道了这件事后，说："李先念在红军长征时就是军政委，以后又把西征部队从河西走廊带回来，是立了大功的。怎么能够这样安排呢？"毛泽东把李先念找来，问道："要你到八路军当营长，你有什么想法？"李先念回答说："只要是干革命，当班长、当战士、当伙夫，我也愿意干。"李先念还联系党的历史，深情地说："我们一起参加革命的同志牺牲了那么多，我们还有什么值得计较职务高低呢？"毛泽东赞许地说："你讲得有志气，有风格。"后来，在毛泽东的亲自安排下，李先念改任去新四军第四支队当参谋长。

在日常生活中，李先念一向修身慎行、怀德自重、清廉自守。他经常说:"要与别人比革命工作的多少和艰苦性,不与别人计较享受的优劣,更不允许贪污腐化。"李先念出身贫苦,当过学徒,投身革命后在艰苦的战争环境里磨炼了20多年,吃的苦很多,养成了过俭朴生活的习惯。新中国成立后,虽然生活条件好了,但他那俭朴的生活习惯没有改,始终保持着劳动人民的本色。在李先念家的餐桌上,看不到山珍海味,有的只是粗茶淡饭。餐桌,是李先念给家人"讲课"的好地方。他常在饭前或饭后给家人讲革命战争年代的艰苦,让家人学习党的艰苦奋斗的历史,教育家人明白"粒粒皆辛苦"的道理。日常生活中,李先念也在为家人作勤俭节约的表率。吃饭时,他常把孩子们掉在桌上的饭粒捡起来放进自己嘴里。李先念穿着随便,衣服破了就织补,不合身了就修改,一身衣服穿许多年。当工作人员劝李先念买点新衣服时,李先念总是回顾战争年代的艰苦生活,意味深长地说:"相比过去,现在的生活已经好多了,像天堂一样啦。党的艰苦奋斗的精神不能丢啊!"

从党的历史学习什么?李先念指出:"阐明历史发展的规律。从历史发展的正确与错误、顺利和挫折、胜利和失败中,把带规律性的东西总结出来,作为历史的借鉴,给人以启发。"历史的发展,总有规律可循。中国共产党百年的历史证明,只要我们的斗争实践符合规律,就能转危为安、夺取胜利;如果违背规律,就会招致挫折、由主动变为被动。学习党史,要善于总结并不断深化对共产党执政规律、社会主义建设规律、人类社会发展规律的认识,不断探索适合中国国情的革命和建设道路,推进改革开放和社会主义现代化建设事业。

李先念关于党的历史学习的论述和实践,是我们党宝贵的精神财

富。我们要学习弘扬李先念等老一辈革命家留给我们的这笔财富，充分发挥党史这门"必修课"的重要作用，认真贯彻落实学史明理、学史增信、学史崇德、学史力行的重要要求，切实用党的奋斗历程和伟大成就鼓舞斗志、明确方向，用党的光荣传统和优良作风坚定信念、凝聚力量，用党的实践创造和历史经验启迪智慧、砥砺品格。

杨尚昆与党史学习

杨尚昆

中国共产党的历史，是一部不忘初心、牢记使命、砥砺前行的奋斗史。作为党和国家领导人，杨尚昆为中国革命、建设、改革事业不懈奋斗，作出了重大贡献。他一直高度重视党史的教育功能，对学习党史有自己独到的见解，至今仍具有重要的指导意义。

强调党史的教育功能，要求掌握党史学习的重要意义

杨尚昆非常重视党史的教育功能，多次强调要学习好党史、近代

史、现代史。1982年7月16日，杨尚昆接见全军档案干部训练队第二期全体同志时，勉励大家要认真学习档案工作理论，还要学党史、近代史、现代史，要安心工作，做无名英雄，做这门工作的专家，努力提高档案管理水平。他指出："档案工作者要了解历史，了解现状，了解服务对象，更要熟悉档案内容，并且要把现代科学技术应用于档案管理，才能做好档案的科学管理和提供利用工作。档案工作人员要努力学习马列主义、毛泽东思想""要不断地学习科学文化知识，更多地了解历史，刻苦钻研业务，具备足够的科学文化水平和专业知识；要热爱本职工作，埋头苦干，具有甘当无名英雄的献身精神；要严格遵守各项工作制度和规定，提高保守党和国家机密的政治警惕性"。

1985年3月13日，在《红军长征》《八路军》《新四军》史料丛书编纂工作会议上，杨尚昆指出："这三部丛书编出来，要达到教育人民，首先是教育军队的目的。鼓舞全国人民和解放军的士气，激励他们前进。我们总结历史经验教训，是为了向前看，为了当前的工作和将来的事业，为了推动历史前进。而不是眼睛向后，引导人们去推敲、追究历史上的这个事那个事。"

1990年3月全国党史工作部门负责人座谈会在京召开。杨尚昆在看望与会同志时要求：党史工作者共同努力，尽快写出一部完整的中国共产党党史。杨尚昆说："我们党的历史资料很丰富。我们要通过党史来回答，在中国，为什么要坚持共产党的领导，为什么要走社会主义道路，为什么要实行共产党领导的多党合作制等等问题。这在当前形势下更有着迫切的需要。"

强调坚持唯物史观，搞清基本史实

在莫斯科中山大学留学时的杨尚昆

一个民族的历史是一个民族安身立命的基础。历史观正确与否，关系人心聚散、国家兴亡、民族盛衰。在中华民族伟大复兴征程上，端正历史观，才能更好开创未来。我们要坚持唯物史观、坚持实事求是的思想路线来认识历史，分清主流支流，坚持真理、修正错误，发扬经验、吸取教训。要实事求是地看待党史上的一些重大问题，既不能因为成就而回避失误和曲折，也不能因为探索中的失误和曲折而否定成就。

杨尚昆早年留学莫斯科中山大学，比较系统地接受了马克思主义教育，确立了马克思主义信仰。在莫斯科中山大学学习的第一年，几乎把所有的精力都投入到俄文及各门功课的学习上。在一年级结束后填写的情况调查表中，杨尚昆写道："一般的学习多少有些心得，普通说来样样都知道一点，对于学习的注意不在一般人之下。社会形式发展史、列宁主义、政治经济学学得比较好，尤其以社会形式发展史为最好"。杨尚昆后来说："像这样比较系统的理论学习，从我来说，以前还没有过，对帮助我确立共产主义信念、提高理论水平是起了作用的。"这些经历对于他自觉用马克思主义唯物史观观察和思考历史问题具有重要意义。杨尚昆曾指出：历史唯物主义的方法，就是把历史上发生的事件或历史人物放到特定的历史条件下来看，要考虑到当时的具体环境、具体情况。不能用现在的眼光、当然更不能用"文化大革命"中那种对待历史的极端错误的态度来看问题，这一点很重要。也就是说，要掌握这样一个原则，任何事件的发生，都有其特定的历史条件、历史背景，具有特定的历史意义。有些事，既有它积极的方面，也有其消极的方面。人物也是一样。一个人在长期的斗争中，不可能一贯正确，也不可能都是错误，总有主要方面和次要方面，或者一个时期是好的，一个时期有错误，这要放到特定的历史条件下来看，不能凭主观臆断作结论。

在谈到党史资料征集时，杨尚昆指出："不要什么材料都相信，要仔细核实，慎重判断。有些回忆录写得很好，可以从中吸取很多好的东西。但也有些回忆录史实没有弄清楚，甚至有个别人写回忆录突出自己的作用。""对回忆录要认真地看一看，不要认为任何回忆录写的任何事情都是完全准确的。"

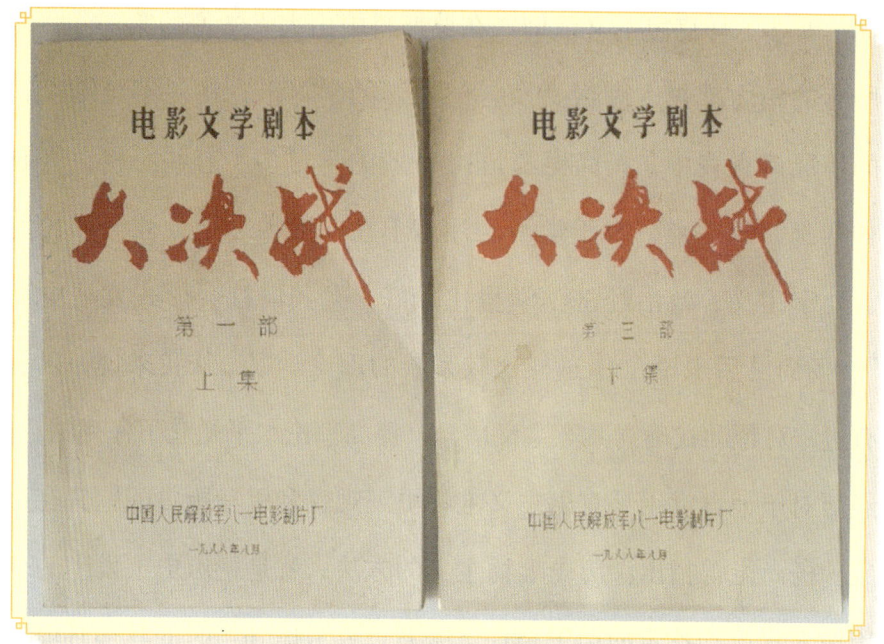

《大决战》部分剧本

杨尚昆要求客观地评价历史人物。他指出：我们军队的两个元帅，一个是彭德怀，从庐山会议到"文化大革命"期间，把彭德怀说得一无是处，但历史上的彭德怀并不是这样的嘛。另一个是林彪，他最后走上了叛国的道路。但不能因为他叛国，就对他一概否定，而不作全面的、历史的评价。林彪在中央苏区，在长征路上，打日本，特别是在东北解放战争中，还是有功的。这种实事求是的态度，还体现在电影《大决战》的剧本创作中。八一电影制片厂于1986年2月成立了三大战役剧本创作组，进行影片剧本的创作。时任中央军委副主席的杨尚昆对《大决战》剧本的创作很重视，多次召见主创人员进行研究讨论。杨尚昆对大家说："《大决战》拿出来就一定能站住脚，剧本不好不拍，要改就改剧本，不能在将来拍成的影片上改。"作为辽沈战役和平津战役的主要指挥员之一，林彪这个人物在戏中的分量可想而知。当时有人担心片中反映林彪会有麻烦,主张不写林彪。还有人主张,如果要写就把他写成反面人物。杨尚昆得知这一情况后,着重指出:"剧中要有林彪,如果不写林彪,那当年东北战场的仗是谁打的?而且写林彪一定要实事求是,不能因为他后来不好,就把这个人写成从头至尾都坏。"这一表态对于剧本真实地反映林彪,反映三大战役起到了非常重要的作用。该片公映后,获得上下普遍的欢迎,在海外也产生良好反响。邓小平满意地说:"拍得很好,我每年都要看一遍。"

强调分清主流支流的原则,要求历史问题宜粗不宜细

树立正确党史观就是要准确把握党的历史发展的主题主线、主流本质,党的历史发展的主题主线是中国共产党团结带领全国各族人民为争取民族独立、人民解放和实现国家富强、人民幸福两大历史任务而进行的不懈奋斗。只有抓住了这些主流主线,正确认识和科学评价党史上的重大事件和重要人物,才是抓住了党的历史上的本质问题。杨尚昆指出:"对历史问题宜粗不宜细,就是说,对于一些现在有争议的问题,不宜写得很细。我们主要是写红军长征的伟大意义和重要作用,写八路军、新四军英勇斗争的历史,不能写得太细。一细就会遇到很多问题,不好处理。前不久,我和乔木同志谈如何写党史时,也讲了这两点,一是历史唯物主义的态度,二是历史问题宜粗不宜细。还有个回避的问题,回避并不是不写这个事,而是不要写得太细。过去都是前朝的历史由后一朝人来写,明史是清朝人写的(清朝现在还没有一部正式的史书)。因为事情都过去了,人也不在了,写出的历史也就不会引起直

接的争论。我们现在编写史料丛书，一定要注意这个问题。如果写得不好，第一违背史实，第二不公道，第三还会引起不团结。你们提出，对于某些重大争议问题，采取回避的办法，或者整理成内部资料，我看是可以的。"

而对于一些有争议的问题，他举出百团大战的例子，指出："我认为聂帅回忆录对这一问题写得好。'七大'时，毛主席对百团大战并没有作结论，说这个问题放到抗日战争胜利后再说。后来斗争彭德怀时，就把百团大战作为彭德怀的一大罪状，说他违抗命令，不守纪律，不报告中央等等。这些都不符合历史事实。一些有争议的问题，如果有不同意见，暂不能求得一致，可以放一放；有些问题没有什么大的争议，就可以作结论。"

强调广泛收集档案资料原则，要求规范利用资料和回忆录

党史资料在党的历史研究中非常重要。随着历史的变化，党史资料已经从过去的单一化发展为现在的多元化，涵盖了各类档案、重要回忆录和文稿等，因此要广泛收集党史资料。

在资料征集方面，杨尚昆指出："征集党史资料是一项非常重要的工作，而征集军史资料又是征集党史资料的重要内容。""但是，现在我们手上拥有的却非常少。所谓少，是说能够反映军队和根据地面貌的生动资料，搜集到手的实在太少了。党史资料征集工作的任务是很繁重的。你们这个工作可以用两个字来概括，一是要广，二要专。广，是指

所有的资料，即使是一点线索，也要想方设法加以搜集。""在广的基础上还要专，也只有在广的基础上才能专。专，就是要有重点，搞专题。在广泛征集中搞好专题征集。""现在军队中各种资料要广泛征集，包括'活资料'，也包括'死资料'。征集任务繁重、范围很广、工作非常重要。""当前的征集工作，是为将来写党史军史收集材料"，"这项工作很重要。第一，任务很重；第二，政治责任很强。所以一定要严肃对待。不要轻信某一种材料，要广泛搜集，认真核实，全面研究。"

在档案资料保管方面，杨尚昆说："我觉得档案一定要用现代化的手段缩影，否则你再修多少库也摆不下。文书工作要用现代化手段，一个是档案的缩影，缩成微型的东西。"同时对于保管的档案还需要进行系统整理，使之有序化，这样才能方便利用。他指出："整理是档案工作的一个基础，你不整理，就说不上利用"，"要为写军史、为军队历史提供材料，提供资料，因此就要做整理工作，不整理那档案就是死的，不是活档案。整理档案是为了利用。整理以后，你才知道哪些有用，哪些是次要的档案，有些甚至要修补，这个工程很大。整理档案比较枯燥一点，每天跟纸张打交道，但没有这个工作不行。"至于如何更为科学有效地整理党的历史材料，杨尚昆曾与专门负责档案管理的曾三进行过深入研讨。

在档案资料利用方面，杨尚昆认为，保管档案就是为了利用。他说："做档案工作的把档案锁在柜子里头，摆在那里守着，那档案有什么用处？所以利用还是应该利用的，不利用档案，党史写不出来，军史写不出来。""现在中央要写党史，军队要写军史，就要靠档案，档案工作就是要为党和国家的各项工作服务。""档案工作从小到大，从简到全，已经发展成具有相当规模的国家事业，在社会主义建设中发挥了重要作用。""档案工作不仅对当前的各项工作有很大作用，而且是维护党和国家历史真实面貌的重要事业。我们必须高度重视和认真做好这项工作，努力为实现工业、农业、科技和国防现代化服务，为建设社会主义的物质文明和精神文明服务。"

同时他强调利用档案资料要讲规矩，对于"有个别同志去参加编写或整理史料工作，他把一些资料据为己有，写成文章发表"的情况时，他指出，"这是不允许的"，"是个纪律问题"。即使在由原中央文献研究室帮助整理其个人回忆录时，他也仍然强调规矩意识，指出："我在中央办公厅搞了20年，这20年的档案原来由机要室档案科立卷归档，比较完整，听说这部分档案已经移交给你们了。现在就是要看看你们那里有哪些和我有关的材料，请你们提供给我们使用。具体办法你们去商量，当然要按照你们的规矩办。""我们这里怎么保管、使用也要立个规矩，不能把你们的材料随便拿给第三个人去看，那不行。现在大家都在抢材料，抢到一点材料就去写东西。不是叫'市场经济'吗？我们要防止这种情况发生。请你们帮助找些档案材料，要按照你们的规矩，你们的规矩也是过去在我主持下订立的。我不能违反我自己立的规矩。当然，原来立的那些规矩你们已经把它进一步完善了。所以还是按照你们的规矩。你们提供给我们使用的材料，我们向你们负责，严格保密，保证不扩散。"

对于作为重要史料的回忆录，杨尚昆非常重视。他指出：写回忆录是一件政治性很强的工作，要严肃对待。回忆录也算是一种史书，从个人的经历反映了那个时期的历史大背景。因此材料必须翔实可靠，决不可望风捕影，尽讲些花花絮絮的东西，哗众取宠；更不可借写回忆录夸耀自己。对于自己应该一分为二，是即是，非即非，要实事求是地总结一生的正反两方面经验，给后人以启迪。同时，他认为：用第三人称写的传记，可以说你好，也可以说你不好，那是作者的事。有人写自传，只讲"过五关斩六将"，不讲"走麦城"，不足为训。回忆录是用第一人称写的，不能把自己说得太好，也不能说得不好，要尊重事实。第一，不是我来写党史，是写我亲身经历、亲见亲闻的大事情；不要平铺直叙，而要讲我的看法和体会，回顾历史经验。第二，要有根有据，讲真话。重大的问题，希望你们帮我查核档案，单凭记忆不行。第三，除了有历史定论的人物外，不要贬损别人，影响团结。第四，有些内容，可能看法不同，写出来也不能发表，就放在那里。我喜欢争论问题。

强调培养党史工作人才，要求学习司马迁、做好无名英雄

杨尚昆一直重视党史人才培养。在1990年3月全国党史工作部门负责人座谈会上，看到全国各地从事党史工作的同志济济一堂时，杨尚昆高兴地说："我们有这样一支党史队伍很不容易，可以说是'群贤毕至。'这几年，大家做了很多工作。希望各级党委要重视和加强对党史工作的领导，要注意培养一批年轻同志，使我们的党史工作兴旺

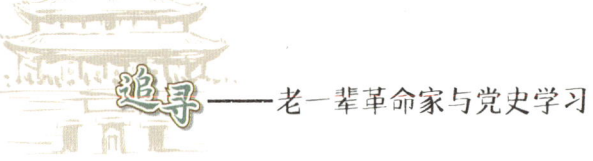

发达。"

为解决档案专业人才急需的问题，杨尚昆曾以中央办公厅的名义，协商中央组织部、宣传部，决定委托中国人民大学举办档案专修科。杨尚昆曾提醒档案工作者："档案工作是埋头苦干的工作"，"档案工作是很具体的工作，整天守着文件，看起来很枯燥，但这项工作意义很重大，工作也很多"，"要埋头苦干，当无名英雄"，"做档案工作，表面上是没有赫赫功勋的"，"你们的功劳就是整理出了多少档案，收集了多少档案，保护了多少档案的安全"。勉励大家"要学司马迁，当然不可能每个人都当司马迁，但是大家都要集中力量去做研究工作，除整理文件以外，还要做研究工作。""要研究档案，要熟悉档案，更好地为军队的各项工作服务。""搞档案工作的同志要学司马迁，要积累材料，要学习历史，做专家，做无名英雄。"

杨尚昆同志对于党史学习和研究方面还有许多深邃的见解，其对于党史工作的重视，体现了作为革命家的见识远；其对于党史问题的思考，体现了作为政治家的站位高；其对于军史方面的论述，体现了作为军事家的敢担当。

胡乔木与党史学习

胡乔木

胡乔木长期从事中共党史研究和宣传工作,为此作出了重要贡献。他学养深厚,在党史学习和研究方面有深邃而精准的见解,是我们学习党史的宝贵财富。

强调要发挥党史的教育作用

胡乔木认为党史工作是党的工作的一个重要组成部分,和党的其

1951年出版的《中国共产党的三十年》

他思想工作一样，是为着支持党的领导，支持中国的社会主义事业。

党史工作具有较强的战斗性。胡乔木认为党史研究是为党的事业服务的，因此"写党史要有政治上的观察和把握"，要充分体现党史研究的战斗性。"党史工作主要就是对我党历史进行研究，然而党史工作的最终目的并非面向过去，其主要针对今后与将来，对过去进行研究的最终目的就是服务于现在及将来。党史工作与我党其它工作相同，也是为能够更好支持我党领导，为我国更好坚持社会主义事业建设而不断开展的。所以，党史工作开展过程中，不可单纯将其作为幕后研究事业对待，应将其作为具有较强战斗性的一项前线工作"。

同时党史工作又具有科学性。胡乔木指出："党史工作的战斗性所以有力量，是因为我们依靠的是科学，依靠的是真理。这种战斗就是科学与反科学的战斗，是真理与谎言的战斗"，因此，"我们需要用科学的态度、科学的方法、科学的论证来阐明党的各种根本问题"；"必须加强对在国外论著中经常出现的许多比较重要的、有影响的错误观点和歪曲我们党的历史的言论，进行针锋相对的、有理有据的分析和批判。"

基于上述两种特性，决定了党史本身具有教育属性。1990年3月，在全国党史工作部门负责人座谈会上，胡乔木就党史研究、宣传和教育提出了许多切中肯綮的意见。他引用邓小平的话说："我们要用历史教育青年，教育人民。他所说的就是要向青年向人民进行关于中国现代史、中国革命史和中共党史的教育，反对资产阶级自由化的斗争，反对对我国干涉、渗透、和平演变的斗争，是摆在全党和全国人民面前的一项长期的、根本的任务。在这种情况下，加强对我们党的历史的研究、宣传和教育，有着新的特别重要的意义。"他要求用党的历史来教育青年、教育人民、教育全党。指出，党史工作者有责任去说明党的产生和发展是中国近代历史发展的必然，有义务去记录党克服无数艰难险阻取得全国范围胜利的奋斗历程。党史工作者要通过科学论证证明党和人民探索出来的这条道路是符合历史发展客观规律的，进而明确如果过去走其他的发展道路，就不可能有今天的中国，而只会出现大混乱、大倒退。

强调以马克思主义为指导，运用唯物史观研究党史

研究历史，不仅要回答一个"是什么"的问题，还要回答"为什么"的问题。只有运用马克思主义的立场观点方法去分析历史，才能够揭示本质、总结经验、把握规律、明辨是非，使历史得到更清楚、更准确、更全面、更辩证的反映和解释。

在党史研究工作，胡乔木始终以唯物史观作为指导。1980 年 4 月 8 日，胡乔木在中国史学会第二次全国代表大会上发表讲话时指出："历史科学本身就是马克思主义不可缺少的基础之一，是马克思主义的一个组成部分"，"恩格斯在马克思逝世以后，曾经多次讲过，马克思生平有两个伟大的发现，第一个就是唯物主义历史观，也就是历史唯物主义。有了历史唯物主义，历史学才真正成为科学"。"我们在处理任何问题时，都不可不首先弄清楚那个问题的历史。胡乔木对于马克思主义唯物史观认识比较深刻。在名著《关于人道主义和异化问题》一文中，他指出：马克思、恩格斯在《德意志意识形态》中表述唯物史观的时候说过："这种历史观就在于：从直接生活的物质生产出发来考察现实的生产过程，并把与该生产方式相联系的、它所产生的交往形式，即各个不同阶段上的市民社会，理解为整个历史的基础；……同时从市民社会出发来阐明各种不同的理论产物和意识形式，如宗教、哲学、道德等等，并在这个基础上追溯它们产生的过程"。

关于马克思主义中国化，胡乔木指出："中国共产党的七十年历史是成功地运用马克思主义的历史，同时也是成功地发展马克思主义的历

史。马克思主义的创始人明确地宣布,他们的学说不是教条,而是行动的指南。马克思主义认为世界是发展的,它本身也必然随着世界的发展而发展。世界千差万别,马克思主义在各国的成功的运用,也必然由于各国具体情况的不同而形成各自的特色,也必然形成对于马克思主义原理的各自的发展。中国是个大国,是个东方大国,而中国革命的成功又是主要依靠中国共产党独立自主、自力更生地领导中国人民长期艰苦奋斗的结果,因此,中国共产党成功地运用马克思主义的过程,不可能不是中国共产党使马克思主义获得重大发展的过程。"在1985年11月4日举行的《中国共产党历史》上卷送审本讨论会上,胡乔木提出《党史研究中的两个重要理论问题》,并进行了深入分析。他提到的第一个理论问题是:马克思主义与中国革命的关系,包括马克思主义是否适用于中国、怎样看待中国化的马克思主义、要研究中国为什么能接受马克思主义、中国历史文化与马克思主义结合有哪些特色、究竟在哪些问题上结合了,等等。胡乔木指出:"研究党史就会遇到这些复杂的问题","今后在我们的写作、研究中会碰到这些问题,如果没有一定的见解,就很难写好党史。"第二个理论问题是:革命与历史的关系。胡乔木指出:"历史太复杂了,太丰富了,对于社会历史要研究,就得全面掌握、多方面研究,不能仅仅从一个方面去研究。"在这个题目下面,党史要回答一系列问题。如:怎样认识有阶级以来的历史都是阶级斗争史?胡乔木认为:"中国共产党成立后存在着激烈的阶级斗争。但是也不能说没有其他情况,不能说在激烈的阶级斗争以外,就没有历史了。"胡乔木指出:"党史要答复这样的问题,要答复中国为什么要革命，为什么要成立党。如果不把这样的问题讲清楚，讲得没有说服力，青年人的思想就会糊里糊涂，甚至陷入混乱。历史写得好，就能答复革命史与整个历史的关系，就能说清楚整个历史为什么发展到以革命为中心。"

要客观公正认识党史上的问题

实事求是原则是马克思主义和毛泽东思想的精髓，是党的思想路线的核心所在，进行党史学习和研究尤其要遵循。胡乔木认为："历史是非常复杂的，如果不在研究的时候保持客观态度，就不能正确地解释历史。这要与我们的感情发生矛盾。但是，愤怒出诗人，愤怒不出历史学家。不可理解的事我们还是要去理解，否则我们就要像雨果那样，尽管在他写的书里充满了对拿破仑第三的仇恨，却并没有把历史解释清楚。把拿破仑第三的阴险、狡猾描写得淋漓尽致，也还是没有把'雾月十八日事变'解释好，而马克思则不同，他还是作了多方面的分析。"因此他提出："要对历史负责，要把历史描述得很公正、很准确。"

秉持实事求是原则，是胡乔木进行党史研究的一贯作风。在编写《中国共产党历史》上卷时，胡乔木指出："我们要尽量写得客观、求实，不抱有任何偏见，按照历史原来的面目写出来。"对于像古田会议的背景、百团大战、1947年土改会议等比较敏感的问题，他认为应当写清楚，不应当回避，得到党史界的赞同。在1980年起草《关于建国以来党的若干历史问题的决议》的过程中，当谈到怎样写"文化大革

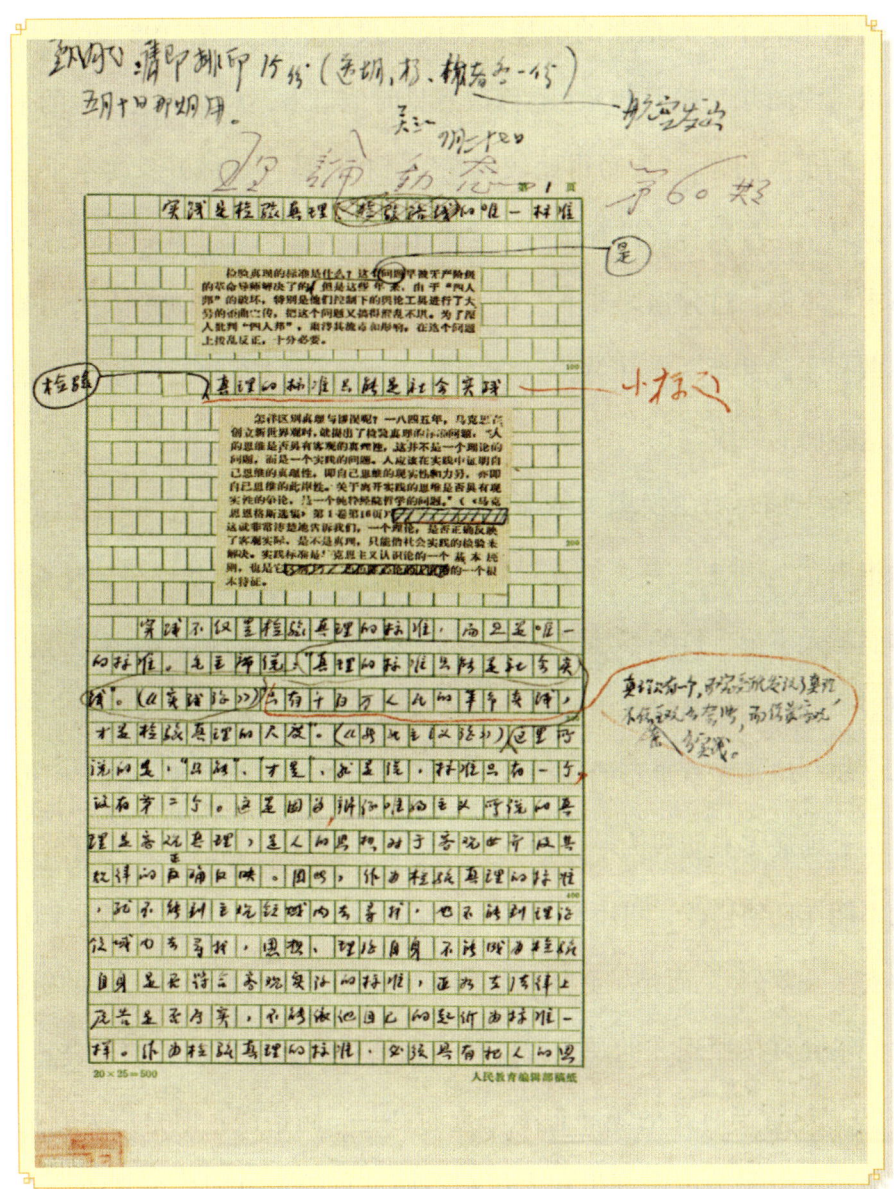

胡乔木《关于建国以来党的若干历史问题的决议》修改稿

命"的问题，胡乔木指出："对历史评论是一件事，解释是另一件事。如果不能答复为什么发生'文化大革命'，决议就等于不作。'文化大革命'这种历史在世界历史上可以说是千年不遇的。如果连对这个问题都没有做出一个令人信服的解释，决议就没有价值。"在1987年6月12日谈《中国共产党历史》上卷修改意见时他指出，对党史上发生的重要事件和重大问题，"要写得比较实在"，"把这些问题摊开，实事求是地加以总结，过去一直没有做到。这个工作，到整风时才开始。缺点是实事求是不够。过分强调某个人犯了错误，而对这个犯错误的人的功劳就不敢提了，甚至一笔抹煞，这样不好。"他希望"新修改的本子尽量避免这方面的缺点"。

对于编写第二次国内革命战争时期北京党史大事记的问题，胡乔木指出："写历史，是要给人看的；看历史的人，是要从中得到什么的。你们写大事记，目的不是把过去干的一切事包括干的蠢事都不加分析地记叙一遍。而是要对其中的重大事件和重要史实，用历史的眼光，给予科学的分析和实事求是的评价。只有这样的历史资料，才会给人们以教育，否则最多只能成为一份档案材料。""对于这些历史事实，现在我们既不能作任何修改，更不能把错误的东西看做正确的东西，如数家珍似的去一一罗列。"而是"必须用新的历史眼光，去分析回顾过去的历史。我们不允许按照现在的观点或需要去重新修饰、粉刷过去的历史。"他指出："尽管当时党的领导犯了严重的'左'倾错误，但是广大党员和革命积极分子为革命理想和人民利益而进行的斗争却是正义的，光荣的，代表了历史前进的方向。如果这个根本的事实没有得到实现，作为党史资料就很难达到教育读者的目的。"胡乔木列举了这一时期党领导群众进行的积极的革命斗争后指出："没有这一段时期的工作，就不可能产生后来的'一二·九运动'。"因此，"在党这一段的历史，光明面还是主要的","革命斗争的总方向是正确的。"对于如何认定党史上的重大事件问题,他指出:"有些习惯上认为是大事的,实际未必有意义,也不一定要作为大事来写,有些习惯上不认为是大事的,但对党的工作和在群众中有长远影响,却应该作为大事写进去。有些大学教授(有的是秘密党员,有的与党有密切联系),他们的许多工作虽不一定都是在党组织直接领导下进行的,但当时确实是反映了党的奋斗方向和政治影响,仍然应该当做党的活动的重要史实。不能认为,只是北平市委所做的事情才算大事,才可以写。我想,凡是党组织团结群众反抗压迫和侵略而从事的活动,包括各个共产党员在群众中进行的一切对群众有益的进步活动,只要是在北平市委工作的范围内,或者与北平市党组织有关,而又有历史价值,就都可以给予如实的记录和科学的评价。"胡乔木同时又指出:"对于这一时期的党内斗争,记述更要慎重",绝大多数执行"左"倾路线错误的同志,"属于党内思想认识问题,应该肯定他们为党做的有益工作和历史功绩。"

强调树立正确的党史观,要自觉反击历史虚无主义

树立正确党史观就是要旗帜鲜明反对历史虚无主义,增强政治上的判断力和执行力。历史虚无主义拿中国革命史、新中国历史来做文章,夸大党史上的失误和曲折,肆意抹黑歪曲党的历史,攻击党的领导,诋毁革命领袖,对中华民族和我党我军历史上的英雄人物蓄意进行抹黑和贬损,其目的就是企图通过否定中国共产党的历史和新中国的历史,从根本上否定中国共产党的领导地位和执政根基,否定中国特色社

会主义道路、理论、制度和文化，对此我们要敢于亮剑。

对于历史虚无主义，胡乔木要求坚决反击。如关于抗日战争史研究方面，1987年他在中共党史、中国革命史讲习班上指出："这方面最严重的问题，就是有些同志对抗日战争研究得越多，就越站到国民党的立场上去了。我不是在这里造谣污蔑，危言耸听，我是有实际根据的。我感觉到这样的话我有义务在这里说一说。"同时他认为"这完全不是一个小事情，不是一个小问题，是个很大的问题，严格地说起来可能是一个很严重的问题。共产党员，解放军的高级干部，研究抗日战争的历史走到这么一条路上去，认为国民党是抗日战争的主体，国民政府军事委员会、国民革命军担负正面作战的这些将士从蒋委员长开始是抗日战争的主体。这样的事情，实在说我因为孤陋寡闻，我看到以后感觉到触目惊心，我实在不能够理解。"另外，他又举了百团大战的例子，指出："有这样的宣传，说是叶剑英参谋长向国民政府军事委员会参谋总长何应钦报告，然后由何应钦下达了一个命令给叶剑英。这样就好像变成了百团大战是国民政府军事委员会决定的。我看到这样的宣传，实在是难以忍受。""我觉得一个共产党员，应当把自己的心里话说出来，我愿意跟大家平等地交换意见。我刚才说话动了一点感情，本来可以说是用不着的，但是一个共产党员没有一点感情是不行的。因为照那样宣传，我们的党史、军史就没法写。怎么后来又搞了个解放战争呢？这不是抗日战争结束以后共产党要捣国民党的乱吗？现在青年人里面流传着这么一种说法。"

要求准确评价党史人物

党史人物评价是历史认识论的重要范畴,对党史人物进行评价的过程,实际上就是对党史人物进行认识的过程。历史虚无主义别有用心地歪曲和丑化党的历史人物,割裂了历史发展的前后承继关系,不仅违背了马克思主义关于历史人物评价的根本原则和要求,也对我们党执政地位的合法性形成了诸多挑战,需要我们坚决予以反击。

胡乔木认为,党史写作要兼顾各方面的人物和力量,不能只写中国共产党的领导人特别是只写党的主要领导人,避免给他人造成不好的印象,而评价党史人物时,要尊重历史、实事求是。他说:"党史、革命史不仅要写大人物,也要写小人物。革命不是只有个别大人物,而是有无数小人物参加的。不可能写很多小人物,但一个也不写就会成为英雄创造历史了。党史应该有相当生动的情景,不但能说服人,而且能感动人,不但用正确道理教育人,而且用高尚情操陶冶人。"并且,"党史要有许多名言轶事,有人物描写。像司马迁的《史记》,将刘邦、项羽的形象描写得栩栩如生,使之流传下来。这样的历史才能充分发挥作用。历史不仅是简单的记事,而是要像司马迁的《项羽本纪》那样写得脍炙人口。"而对于党史人物的评价"不能要求那些革命人物是完人,像悼词上说的那样。金无足赤,人无完人。"

胡乔木认为,我们愈是评价党史上的人物,愈是实事求是地写出他们的思想、活动和特点,我们的党史就愈加真实、生动,说服力和感染力也就愈强。他指出,研究和写作党史,"凡是与党的活动有直接关系的人,不管是什么关系,只要对党的活动有影响的,也都要充分了解和掌握"。在讨论叶剑英同志国庆三十周年讲话稿起草情况时，胡乔木强调关于毛泽东的评价一定要审慎严谨，"无论如何不能发表这样一个讲话叫人看了以后认为中国共产党已经否定了毛主席。无论如何不能这样。这个问题是个关系非常重大的问题"。另外，胡乔木认为："像李大钊这样重要的历史人物，他们的历史本身，就是党的历史的一部分。我们应当联系当时的历史环境对他们进行实事求是的分析，作出客观的评价。我们越是实事求是地评价党史上的人物，越是如实地写出他们的思想、活动及其特点，我们的党史就越是真实、生动，越是具有说服力和感染力。"。

胡乔木认为，对于那些在不同历史时期曾经作出过一些贡献但后来人生轨迹发生变化的共产党员，也应该对他们进行客观的评价。他曾经多次提到张国焘的历史评价问题。在他看来，研究建党初期的历史不能回避张国焘。他指出："张国焘也是个重要人物，一大的主席，在五四运动中非常活跃，听说发现北京档案里有他自首的材料，不知是真是假？如果是真的也要写。张后来有那么大的力量，要分裂党，不描写一下，以后许多事情很难说明。"正因为如此，他认为："当时陈独秀有名无实，张国焘资格老，活动能力强，北方工人运动一直是他领导的，在党中央比较有发言权。后来他成立第二中央，为什么他能这样做，这与他在党内有资本，是老资格有关系。别人在当时的资格都不如他。现在党史中根本不提张国焘建党初期的活动，是不对的，要恢复历史的本来面目。"对于中国共产党主要创始人之一的张申府，胡乔木提出要给他恢复名誉，因为"他是党的最早的发起人之一，并没有做过对党不利的事，应当在书里对他有适当的评价。"

作为党史大家，胡乔木在党史学习和研究等方面还有许多独特而深邃的阐释，如用广阔的视野来观察分析历史、不要用会议的决议文件来解释历史、用"四面八方"分析法研究历史等。他对于党史战斗性的论断，体现了作为革命家坚定的政治立场；对于党史问题的思考，体现了作为理论家深厚的学术修养；对于历史虚无主义的反击，体现了作为政论家的敢于担当。这些，都是党史学习的宝贵财富。